LAGAMAR

ASPECTOS DO PITORESCO PECULIAR

A paisagem da capa trata-se de visão que o observador posicionado às margens do Mar de Cubatão, na Ilha de Cananéia, pode vislumbrar, com destaque para a Serra de Itapitangui, no continente, do município de Cananeia. A foto registra o bucó lico por do sol, numa tarde fria de Julho de 2017, de autoria da fotógrafa amadora Maria Fernanda Camargo de Carvalho[1], cedida gentilmente para a ser exposta à primeira capa da obra coletiva, Lagamar: Aspectos do Pitoresco Peculiar. A paisagem é típica de toda extensão da região do Lagamar.

---

1. Maria Fernanda Camargo de Carvalho é paulistana que reside há alguns anos em Cananéia, onde é servidora pública municipal, exercendo funções de professora no I ciclo do ensino fundamental. Fotógrafa amadora e formada em Ciencias Biológicas e em Pedagogia, com especialização em Educação Especial, Gestão Educacional e Gestão Ambiental. Administra página eletrônica no sítio virtual HYPERLINK "http://www.facebook.com/euamocananeia" www.facebook.com/euamocananeia e suas fotos são divulgadas no sítio eletrônico HYPERLINK "http://www.facebook.com/fecarvalhofotografia" www.facebook.com/fecarvalhofotografia.

CIP-BRASIL. CATALOGAÇÃO NA PUBLICAÇÃO
SINDICATO NACIONAL DOS EDITORES DE LIVROS, RJ

P978L

Lagamar : aspecto do pitoresco peculiar / coordenador Roberto J. Pugliese ; autores Abdul Assaf ... [et al.]. - 1. ed. - São Paulo : Letras do Pensamento, 2021.
208 p. ; 21 cm.

ISBN 9788562131622

1. História natural - Brasil, Sudeste. 2. Ecologia costeira - Brasil, Sudeste. I. Assaf, Abdul.

19-61098 CDD: 981
CDU: 94(815)

Vanessa Mafra Xavier Salgado - Bibliotecária - CRB-7/6644

29/10/2019 04/11/2019

ROBERTO J. PUGLIESE
Coordenador

LAGAMAR

ASPECTOS DO PITORESCO PECULIAR

AUTORES

Abdul Assaf
Antonieta Amarante
Antonio Severino dos Santos
Cézar Alexandre Broska
Emanuelle Machado Garollo Torres Peroni
Janaína de Araujo Bumbeer
Joalice Dias Amorim
José Carlos Muniz
Luis Afonso Buest Rosário
Maria Cristina Caiana Viégas Abreu
Maria Rita Basso
Monica Novaes
Olga Maria Salomão do Amaral e Castro
Oriel Ballan
Roberto Fortes
Roberto J. Pugliese

1ª Edição | 2021 | São Paulo-SP

Letras do Pensamento

Revisão
Rita de Cassia Sorrocha Pereira

Projeto Gráfico e Arte Final da Capa
Rita Motta – www.editoratribo.blogspot.com

Diagramação
André Luiz Dias – Tribo da Ilha

Editor
Cláudio P. Freire

1ª Edição – 2021 – São Paulo-SP

Letrasdo
Pensamento

LETRAS DO PENSAMENTO
Rua Eduardo Prado, 28, Casa 1, Vila Bocaina
CEP 09310-500 - Mauá - SP.
Site: www.letrasdopensamento.com.br
E-mail: vendas@letrasdopensamento.com.br

Impressão no Brasil

"Dedicado a todos caiçaras, quilombolas, indígenas que vivem embrenhados pelo interior da Mata Atlântica e perdidos em comunidades isolada do Lagamar".

Apresentação da obra

Dispondo de peculiar riqueza social, cultural, ecológica e antropológica *sui generis*, parcela do litoral integrado à área maior geográfica, que constitui o Vale do Ribeira, ainda se encontra desconhecida dos brasileiros e ignorada pelas autoridades que, ao longo do tempo, têm passado ao largo nos investimentos mínimos condizentes à contemporaneidade.

Espremido entre a Serra do Mar e o Oceano Atlântico, com aproximadamente 150 Km de sinuosa extensão, o Lagamar, desde a foz do Ribeira, em Icapara, ao norte de Iguape, trata-se de área que se projeta aos confins do sul da baía de Paranaguá, repleto de acidentes que lhe engraçam a silhueta, com barrancos, praias, penhascos, istmos, canais, morretes, pedras, bancos de areia, ilhas e ilhotas circundados por manguezais, florestas, restingas, dunas de areia, propiciando ambiente apropriado para a manutenção da flora e da fauna exuberantes e singulares.

É berço natural das manjubas, encontradas nas águas salobras fartas em *planctus* e nutrientes diversificados que as alimentam pela sua composição química diferenciada, e das cobiçadas ostras, dos mariscos e frutos do mar, que constituem iguarias tradicionalmente festejadas. Diante de condições ecofavoráveis se encontram o jacaré de papo amarelo, espécie única de réptil, e famílias graciosas de botos cinza brincalhões, espalhadas pelos labirintos de canais e braços de mar.

A onça pintada circula com tranquilidade pela região, familiarizada com os contornos planos e alagadiços que as proveem de farta alimentação. São bandos de macacos atrevidos e distraídos que nos palmitais naturais do Lagamar têm seu *habitat*. São mamíferos raros, convivendo com preguiças, bugios, antas, tatus. Aves igualmente diferenciadas, com destaque para as gralhas azuis, os guarás com suas penas vermelhas e o papagaio da cara roxa, que nas diversas ilhotas perdidas mantém isolados seus domínios exclusivos.

Nesse ambiente no qual sobressai a Mata Atlântica, ainda preservada das investidas humanas produzidas pelo capital descontrolado, a floresta revela vivo o rosto dos indígenas, seus habitantes originários, e o *mar de dentro*, com o verde quase turquesa que lhe é próprio, e que exala o perfume da maresia tênue, contrastante com o cheiro do sal contundente proveniente do oceano azul, que nas manhãs ensolaradas brilha com as espumas branquinhas das ondas violentas incessantes.

Nesse tom de cores e perfumes o ozônio se destaca, e nas matas ainda fechadas, a aromática cataia, especiaria com atributos medicinais, explorada artesanalmente pelos raros habitantes das florestas perdidas no pé da serra, a festejada folha milagreira. As aroeiras, os cedros e os jequitibás também encontram espaço e convivem com xaxins, bromélias, orquídeas, samambaias e ipês amarelos, roxos, e uma infinidade de outras espécies vegetais.

O Lagamar, no entanto, não se limita a projetar-se como ambiente natural de excelência, que pelas qualidades foi declarado pela Unesco – órgão para ciência, cultura e educação da ONU – Reserva Mundial da Biosfera, sendo seus habitantes amplamente diversificados um valioso patrimônio.

Nessa região, indígenas descendentes dos primitivos carijós e tupinambás, tendo as nações guaranis maior número de aldeias e população, são encontrados em cantos e recantos perdidos nas incontáveis ilhas, na orla continental, no pé da serra e nos altos e contrafortes quase inacessíveis. São inúmeros os descendentes de quilombolas que habitam quilombos espalhados nas várzeas e baixios. Os pescadores artesanais também constituem povos tradicionais, assim como os palmiteiros, que vivem há várias gerações perdidos nas matas íngremes da Serra do Mar. Dessa miscigenação surgem os cafuzos e os mamelucos. que também contribuíram para a formação do povo e a maior concentração de caiçaras de que se tem conhecimento, fomentando a cultura que lhe é própria desde os primórdios da civilização colonial.

E não se esqueça de que a presença de turistas se tornou realidade, com adeptos de esportes náuticos, de esportes radicais, mochileiros, barraqueiros, banhistas, muitos adaptados a ponto de terem transferido seus domicílios e lá permanecido. Também é frequente a presença de estudantes, professores, cientistas, inclusive estrangeiros, dos mais diversos segmentos do saber, pesquisando a flora, a fauna e as populações tradicionais residentes em ilhas perdidas e espalhadas pelos braços de mar e canais confusos. Gente do mundo inteiro interessada no rico patrimônio cultural do povo de Tibicanga, do Marujá, do Mandira, de Taguaciba e tantos outros núcleos habitados por gerações desde os tempos coloniais.

A cultura é expressa pelo linguajar de gírias irreconhecíveis pelos desavisados; pela culinária apreciada com sabores especiais de beiju ou barreado; pelas danças e musicalidade dos seus habitantes, com destaque para o fandango e as rodas de incelências, em que se valem de instrumentos entre os quais a rabeca se sobressai. Cultura tradicional que mantém os cercos de bambus para pesca, os jerivás e ferramentas diversas para os roçados de arroz. As pirogas e as canoas de único tronco cavado são outras expressões relevantes e tradicionais.

O legado histórico também merece destaque diante da importância desde a chegada dos primeiros europeus. O enigmático bacharel de Cananeia, que de Maratayama dominou um império de indígenas submetidos à sua liderança, tornando-se conhecido desde Buenos Aires, inclusive do outro lado do Atlântico, é um dos exemplos épicos. Em Cananeia, Martin Afonso de Souza fincou em nome da Coroa Lusitana o padrão português, demarcando o limite sul estabelecido pelo Tratado de Tordesilhas equivocadamente, e na costa de Guaraqueçaba os escravos negros eram deixados como "peças" na ilha que leva esse nome, em quarentena, antes de serem vendidos.

Ainda existem vestígios da Trilha do Telégrafo, que foi aberta por ordem imperial durante a guerra do Paraguai, para facilitar a comunicação da Corte com as operações bélicas, e o traçado projetado da BR-101, em homenagem à preservação ambiental, não foi executado, deixando isolado o ribeirinho daqueles confins inóspitos.

Registra-se que a 5ª comarca de Curitiba foi colonizada inicialmente a partir de Guaraqueçaba, a "Vovozinha do Paraná". O Ídolo de Iguape, peça esculpida há mais de 5.000 anos, revela a presença humana antes da Era Cristã, assim como os inúmeros sambaquis preservados às margens dos canais que se assemelham a labirintos.

Enfim, os artigos que seguem contam um pouco do que é, o que foi e o que representa o Lagamar, seu povo, sua história e sua vasta cultura. Apertados em poucas linhas, são a síntese da sua grandeza, contada por intelectuais ambientados e conhecedores, amantes da região.

A partir de Iguape, seguindo para o sul, contornando a Ilha Comprida, Cananeia, Guaraqueçaba, Antonina, Morretes, Paranaguá até o Pontal do Paraná, os autores desta obra coletiva traçam em poucas linhas um breve retrato do ainda desconhecido Lagamar.

Boa leitura!

Roberto J. Pugliese

Coordenador

Florianópolis-SC

Apresentação Especial

Complexo Estuarino Lagunar de Peruíbe - Iguape – Cananéia – Guaraqueçaba – Paranaguá: um caleidoscópio de interações socioambientais.

Maude Nancy Joslin-Motta[1].

Em meados da década de 1980, recém ingressando no Direito Ambiental, eu ouvia extasiada as histórias das lutas pela reintegração de posse de terras públicas invadidas por grileiros no Litoral paranaense. Histórias que iam muito além dos frios textos judiciais, contadas por profissionais dedicados, falando de empresas degradadoras do ambiente social e natural, de jagunços, da morte de fiscais ambientais

1 Maude Nancy Joslin-Motta, 66 anos, OAB/PR 15.375. Advogada Ambientalista, com foco em Conservação da Biodiversidade e Áreas Naturais Protegidas e em Mudanças Climáticas. Integrante do Quadro de Advogados do Poder Executivo do Estado do Paraná, junto à SEMA e ao IAP, aposentada em 2009. Uma das idealizadoras do Mosaico de Biodiversidade do Alto Rio Paraná e Chefe do Parque Nacional de Ilha Grande, pelo IBAMA (1996-2004). Ex-Conselheira do Conselho Nacional do Meio Ambiente - CONAMA (1994-1996). Especialista em Meio Ambiente e Desenvolvimento (UFPR, 1996). Professora Universitária. Consultora Ambiental. Para citações: JOSLIN-MOTTA, Maude Nancy.

e dos prejuízos causados aos pequenos posseiros duplamente impactados. Nunca mais parei de estudar e, sempre que pude, trabalhei na defesa do **Complexo Estuarino Lagunar de Iguape – Cananéia – Guaraqueçaba – Paranaguá**.

Em 1986, tombamos a Serra do Mar no Paraná (em São Paulo, foi em 1985), Serra que desce abrupta, em degraus voltados para o Oceano. As chuvas alimentam o emaranhado de rios e riachos, com nascentes protegidas pela Mata Atlântica. A rede hidrográfica, com meandros e canais interligados que escorregam na vasta planície litorânea, abre-se em leque, formando o complexo estuarino. Os lençóis de areia retrabalhados pela ação dos ventos formam as praias, com dunas cobertas pela vegetação protetora das restingas. A interação das águas doces e salgadas acontece como uma dança lenta, os rios avançam e recuam no estuário, acompanhando o vaivém das marés, tornando o fundo do mar num verdadeiro laboratório químico, onde se regeneram nutrientes, materiais se concentram e poluentes são absorvidos. Os mangues, com sua lama negra, fazem a barreira protetora do continente contra a erosão. O cordão de ilhas forma escudos para as águas férteis e mansas das lagunas, berçários protetores dos filhotes. Nesse cadinho a Natureza realiza sua alquimia maior, onde nutrientes e a vegetação em decomposição catalisam proteínas de alto valor biológico e econômico que constituem o elo básico de extensa cadeia alimentar que se inicia em seres aquáticos microscópicos, passa através de organismos cada vez mais complexos e chega até o ser humano, sob a forma de alimento e vida. Sua preservação é vital para todo o Sudoeste Atlântico, pois é nelas que se reproduzem os cardumes oceânicos, atraídos pela prodigiosa quantidade de plâncton produzido. Essas dinâmicas, de grande complexidade ecológica, formam ambientes únicos que possibilitam a permanente renovação da vida.

A presença humana tem identidade e cultura muito marcadas pela Natureza, desde tempos imemoriais, como testemunham sambaquis e trechos do Caminho do Peabiru. Aldeias indígenas e quilombos, igrejas e casarões coloniais, vilas típicas, monumentos arqueológicos, antropológicos, históricos, com os quais convive o caiçara, morador típico, detentor de conhecimentos ancestrais na pesca, agricultura de subsistência, construção de barcos e instrumentos musicais, nas danças e nos folguedos: a diversidade cultural e étnica interage com a diversidade ecológica. No entanto, embora rica ambientalmente, a região tem baixo IDH – Índice de Desenvolvimento Humano. Romper os ciclos de pobreza e de baixa qualidade de vida sem comprometer o equilíbrio ecológico é um desafio permanente.

A Mata Atlântica e seus ecossistemas associados propiciam a diversidade de animais e plantas, muitos endêmicos. Protegem os solos frágeis e impedem os morros de deslizarem. Proporcionam disponibilidade de água de boa qualidade. Formam laboratório natural de potenciais medicamentos, fármacos e cosméticos. Regulam o clima. Além dos valores estéticos e espirituais, o contato com a Natureza preservada já se provou essencial para a saúde humana. Mais do que justo que o **Lagamar** receba o devido pagamento pelos serviços ambientais que presta, que não são poucos. O ICMS Ecológico que os Municípios recebem faz diferença no acerto das contas públicas da saúde, educação, obras e outras. Proprietários de áreas preservadas recebem retribuição financeira para mantê-las. Estas e outras formas de transferência de rendas da União e dos Estados para atender às necessidades locais ainda são iniciativas incipientes, que tendem a se multiplicar.

Berçário para a vida marinha e abrigo para a avifauna, o **Lagamar** também é um repositório de alternativas para a produção de riquezas econômicas que, usando racionalmente os recursos ambientais disponíveis, geram emprego, renda e aumento da arrecadação. As atividades de baixo impacto devem ser apoiadas. A produção orgânica de agricultáveis típicos industrializados localmente, a criação de ostras e outros frutos do mar, a pesca responsável e as diversas modalidades de turismo, em especial o de base comunitária, trazem consigo a melhoria das condições de vida da sociedade local. As soluções inovadoras da Produção de Natureza na geração de bens e serviços de qualidade, com alto valor agregado, a exemplo da Grande Reserva Mata Atlântica, servem como motores de crescimento econômico e social em regiões desfavorecidas e para a distribuição equitativa das riquezas produzidas. A educação de boa qualidade, inclusive na qualificação da mão de obra local, além da participação efetiva nas decisões, são condicionantes para o sucesso de qualquer estratégia de desenvolvimento de curto, médio e longo prazos.

O **Complexo Estuarino Lagunar de Peruíbe - Iguape – Cananéia – Guaraqueçaba – Paranaguá** deu origem a mais de cinquenta Unidades de Conservação federais, estaduais, municipais e particulares que formam o **Mosaico de Biodiversidade do Lagamar**. Integra a **Reserva da Biosfera da Mata Atlântica** - UNESCO. Esse é o reconhecimento nacional e internacional da importância da conservação da sua diversidade biológica, social, histórica, cultural e econômica. Uma das cinco regiões mais notáveis dos ecossistemas costeiros do mundo, é considerada pela UICN, com base nos indicadores da FAO, o terceiro maior criadouro de espécies marinhas, fundamental para sobrevivência da vida do Atlântico Sul. Para a CIRM, o **Lagamar** é o último remanescente desse tipo de ambiente ainda não poluído ou degradado. O **Lagamar** é um gigantesco caleidoscópio de diversidades interativas múltiplas, em constante transformação, combinação dinâmica de elementos físicos, químicos, biológicos e humanos que permitem sonhar na possibilidade de manter o ambiente preservado e as populações em condições de vida dignas, compondo uma única paisagem, um sistema único e indissociável. Sempre acreditei nesse sonho e vou continuar dedicando minha vida a ele. É um sagrado ofício que vale a pena ser exercido.

Prefácio

O Complexo Estuarino Lagunar de Iguape, Cananéia e Paranaguá, também denominado como Lagamar, abrange uma extensa faixa costeira e um dos mais preservados trechos de Mata Atlântica. Como afirma Antônio Carlos Diegues, a extensão que abrange este complexo possui grande diversidade biológica que se expressa pela variedade de espécies vegetais e animais existentes. Sem dúvidas, o Lagamar abriga o trecho mais preservado dessa cobertura vegetal que, em muitos outros estados litorâneos, foi severamente diminuída pelos diversos ciclos econômicos da história brasileira. O litoral sul paulista se interliga com a baía de Paranaguá pelo Canal do Varadouro formando um complexo estuarino-lagunar de rara beleza, com suas baías, praias, mangues e um sem número de ilhas, rios e riachos[1].

Expressando parte da vasta riqueza, natural e cultural, descrita acima, a obra *Lagamar: aspectos do pitoresco peculiar*

1 Ver em: DIEGUES, Antônio Carlos. Diversidade biológica e cultural no Complexo Estuarino Lagunar de Iguape-Cananeia-Paranaguá. São Paulo: NUPAUB/USP, s/d. Disponível em: http://nupaub.fflch.usp.br/sites/nupaub.fflch.usp.br/files/Diversidade%20biol%C3%B3gica%20e%20cultural%20no%20Complexo%20Estuarino%20Lagunar%20de%20Iguape.pdf

reúne textos que abordam os aspectos históricos, culturais e ambientais das cidades de Iguape, Ilha Comprida, Cananéia, Guaraqueçaba, Antonina, Morretes, Paranaguá e Pontal do Paraná. Mesmo com os quilômetros de distância e acidentes geográficos que separam estes municípios, os leitores irão perceber as conexões entre estes espaços, sendo uma das principais as relações entre os seres humanos e a natureza imponente do Lagamar.

O primeiro capítulo da obra é dedicado a Iguape, município litorâneo que possui uma natureza exuberante. O texto da autora Emanuelle Peroni trata, justamente, de como a natureza de Iguape a encantou, esta cidade a fez se conectar ainda mais com a natureza e vivenciar de perto toda beleza natural deste lugar. O texto de Maria Cristina Abreu trata dos aspectos históricos e naturais de Iguape. Dentre alguns dos assuntos apresentados pela autora, cabe destacar a exploração de ouro de aluvião, as reminiscências que envolvem pensar nos casarios antigos, a tradicional festa de Bom Jesus de Iguape e, o desastre que foi a abertura do Canal do Valo Grande, uma transposição que encurtou o caminho do rio para o mar e que até os dias atuais tem causado impactos ambientais. O texto de Roberto Fortes discute aspectos importantes da história de Iguape. Destaca-se a sua reflexão sobre a colonização e ocupação desse espaço. Destaca-se também, a importância da Romaria ao Senhor Bom Jesus de Iguape e como esta mobiliza milhares de romeiros e devotos. A história de Iguape demonstra a riqueza decorrente da produção de arroz e a ganância dos seres humanos que tentaram, de maneira agressiva, transformar o curso do Rio Ribeira. Neste processo, a mão de obra escrava, indígena e, africana e afrodescendente, foi explorada nas principais "atividades" geradoras de riqueza. Particularmente, acredita-se que todos estes aspectos são interessantes para se refletir sobre o passado de Iguape, mas também, para se refletir sobre o presente e as potencialidades de turismo ecológico e de desenvolvimento sustentável desta cidade.

De Iguape seguimos para o município de Ilha Comprida. O texto de Monica Novaes narra a história do pescador Arnoldo e, o seu relato assustador ao encontrar um sambaqui. Ainda não tive a oportunidade de conhecer a Ilha Comprida pessoalmente, contudo, posso afirmar que já presenciei muitos pescadores e lavradores, do Litoral do Paraná, contarem mistérios semelhantes sobre os sambaquis.

O próximo capítulo traz textos que discorrem sobre a cidade de Cananéia, uma das cidades mais antigas do Brasil. O texto de Antônio Severino dos Santos apresenta um breve histórico da criação do Parque Estadual da Ilha do Cardoso. A criação desta área de preservação envolveu e, ainda envolve, muitos conflitos, sobretudo, com as comunidades tradicionais. Atualmente, as famílias que vivem no Parque Estadual da Ilha do Cardoso, sobrevivem dos recursos naturais oriundo do manejo sustentável, do turismo e da pesca. O texto de Maria Rita Basso apresenta o brilhante trabalho educativo desenvolvido nas escolas de ensino fundamental e médio de Cananéia. O centro histórico de Cananéia foi tombado em 1969, pelo CONDEPHAAT. Neste sentido, a autora ressalta a importância de se trabalhar o patrimônio material e imaterial, de Cananéia, na formação dos alunos. Outro belíssimo texto, de autoria de Roberto Pugliesi, apresenta um histórico da criação do Ariry, distrito limítrofe entre Paraná e São Paulo. Como demonstra o autor, a criação deste distrito envolveu muitas tensões e debates políticos. Para o autor, Ariry é símbolo da persistência daqueles que irresignados, sem receio, enfrentaram a truculência do arbitramento equivocado e dispuseram-se a recomeçar suas vidas, para poder morrer na mesma condição que nasceram: Paulistas.

Os próximos capítulos são dedicados aos municípios do Litoral do Paraná. O texto de José Carlos Muniz traz a reflexão, a incrível diversidade cultural do município de Guaraqueçaba. De acordo com o autor, na convivência com os povos tradicionais (caiçaras, Guaranis e quilombolas) que se descobre uma Guaraqueçaba típica no linguajar; saborosa na culinária; nos causos; nos mestres, nos devotos e romeiros do Fandango, das Danças-de-São-Gonçalo e da Romaria-do--Divino-Espírito-Santo. No entanto, apesar da riqueza natural e cultural, o autor discute os dilemas a serem enfrentados, entre eles, a busca de um desenvolvimento sustentável a este município e, mais oportunidades econômicas as pessoas que ali residem. O texto de Luís Afonso Buest Rosário apresenta a história de vida de Dona Senhorinha de Romão Costa, também conhecida como Dona Senhorinha. É difícil resumir este texto em poucas palavras, mas posso dizer que a leitura irá fazer conhecer e se emocionar com a linda história de Dona Senhorinha, *in memoriam*, a última paneleira primitiva do Estado do Paraná.

O próximo capítulo trata de Antonina. O texto de Cézar Alexandre Broska apresenta os principais encantos desta cidade. Conhecida pelo seu famoso carnaval de rua, Antonina também possui um lindo casario histórico, belas igrejas e um clima acolhedor. Destaca-se também, a tradicional festa a Nossa Senhora do Pilar, a musicalidade da Filarmônica, além dos festivais que ocorrem na cidade ao longo do ano.

De Antonina partimos para Morretes. O texto de Oriel Ballan narra a história do pescador Albertino e do dia em que ele teve uma premonição. Em seguida, a poetisa Antonieta Amarante nos brinda com uma bela poesia em homenagem a Morretes.

O penúltimo capítulo é dedicado a Paranaguá. O autor e poeta Abdul Assaf traz uma poesia destacando os encantos do Litoral do Paraná. A autora Olga Maria e Castro apresenta a relevante entrevista, realizada com Ivan Lapolli Filho. Ao longo do texto, o entrevistado aborda o histórico e a importância de instituições, clubes e teatros da cidade de Paranaguá. Destaca-se, entre tantos assuntos interessantes, a história do Club Litterario e sua atuação na sociedade. O texto de Joalice Amorim traz uma narrativa que nos faz conhecer, um pouco mais, a Ilha da Cotinga. O texto traz as impressões e lembranças da autora sobre sua infância na Cotinga, a descrição deste lugar e suas particularidades.

O último texto é dedicado a Pontal do Paraná. O texto de Janaina de Araújo Bumbeer traz reflexões em torno do tema bioinvasão. De acordo com a autora, quando uma espécie exótica causa danos, ecológicos ou econômicos, ela é considerada invasora. Acredita-se, particularmente, que este é um tema bastante oportuno, pois Pontal do Paraná fica muito próxima do Porto de Paranaguá, atualmente, um dos maiores exportadores de grãos da América Latina. Devido a constante movimentação de navios e de mercadorias muitas espécies exóticas se estabeleceram no Litoral do Paraná, tais como, espécies de aves e roedores transmissores de doenças.

Por fim, gostaria de finalizar este texto agradecendo o convite feito pelo coordenador da obra Dr. Roberto Pugliese.

Foi uma honra escrever este prefácio, ler cada texto e conhecer um pouco de cada autor e autora, certamente, esta experiência e o exercício de escrita me aproximou ainda mais do Lagamar e das pessoas que nele vivem.

Priscila Onório Figueira

Mestre em História pela UFPR. Possui graduação em História pela UNESPAR (2011). Mestre em História pela UFPR (2014). Doutoranda em História pela UFPR. Membro do Instituto Histórico e Geográfico de Paranaguá. Atua principalmente nos temas: história oral, história ambiental e comunidades tradicionais.

Sumário

Iguape

Basílica do Senhor Bom Jesus de Iguape. Crédito Paulo Zioli.

Aspectos Peculiares de Iguape[1]

Iguape é um município brasileiro do estado de São Paulo. Localiza-se no Vale do Ribeira, a uma latitude 24º42'29" sul e a uma longitude 47º33'19" oeste, estando a uma altitude de três metros. Sua população estimada pelo Instituto Brasileiro de Geografia e Estatística (IBGE) em 2014 era de 30.259 habitantes. Com 1 977,96 km², é o município com a maior área do estado de São Paulo. Seu centro histórico é tombado pelo Instituto do Patrimônio Histórico e Artístico Nacional como patrimônio nacional desde 2009.

A palavra "Iguape" tem origem na língua tupi antiga e significa "na enseada do rio", através da junção dos termos *'y* (água, rio), *kûá* (enseada) e *pe* (em).

Iguape é um dos 15 municípios paulistas considerados estâncias balneárias pelo Estado de São Paulo, por cumprirem determinados pré-requisitos definidos por Lei Estadual. Tal *status* garante a esses municípios uma verba maior por parte do Estado para a promoção do turismo regional. O município também adquire o direito de agregar, junto a seu nome, o título

1 Adaptado de: WIKIPÉDIA – a enciclopédia livre. *Iguape*. Disponível em: https://pt.wikipedia.org/wiki/Iguape. Acesso em: 16 out. 2019.

de "Estância Balneária", expressão pela qual passa a ser designado tanto pelo expediente municipal oficial quanto pelas referências estaduais.

História

Os primeiros habitantes da região onde hoje fica Iguape são conhecidos como "Homens do Sambaqui", povos muito primitivos que não conheciam nem sequer o arco e flecha e que viveram ali antes da chegada de índios com culturas mais avançadas. Sambaqui é o nome dado a grandes montes de conchas de ostras e marisco, depositados ao longo de centenas ou talvez milhares de anos no mesmo lugar, e que eram consideradas locais mágicos. Mais tarde, após a extinção dos Homens de Sambaqui, os índios que viriam a dar origem à tribo Temiminé passaram a enterrar seus mortos nesses sambaquis, dentro de grandes potes de barro chamados igaçabas, junto dos pertences dos mortos. Existem vários sambaquis no complexo estuarino-lagunar de Iguape e Cananeia, sendo o de mais fácil acesso o sítio arqueológico "Benedito Fortes", onde está localizada a "Caverna do Ódio", próximo à ponte que dá acesso ao município de Ilha Comprida, a pouco mais de um quilômetro do centro da cidade. Até hoje, encontram-se vestígios de ações desses grupos indígenas, representados através da estratigrafia, que mostra a sobreposição de camadas correspondentes às diversas ocupações humanas, com a presença de manchas de carvão das fogueiras, sambaquis com até 5 mil anos, restos ósseos de peixes e de pequenos animais e carapaças de moluscos e crustáceos.

Em 1494, o Tratado de Tordesilhas firmado entre Portugal e Espanha estabelecia a dimensão de suas posses recém-descobertas, inclusive nas terras americanas. O tratado definia, como linha de demarcação, um meridiano 370 léguas a oeste do arquipélago de Cabo Verde, passando sobre o território de Iguape. Possivelmente desde 1510, já vivia, na região, o aventureiro espanhol Ruy Garcia Moschera, a quem é oficialmente atribuída a fundação do município. Moschera vivera anteriormente no Rio da Prata e se instalara ali possivelmente por ser aquela uma região de disputa entre espanhóis e portugueses. Por volta do ano 1502, o degredado português Cosme Fernandes, conhecido como "Bacharel de Cananeia", também se tornou uma figura poderosa na região, vindo a possuir muitos escravos e não prestando obediência à coroa portuguesa.

Em 1532, pouco depois de chegar ao Brasil, Martim Afonso de Sousa ordenara a desocupação por Moschera e pelo Bacharel do território onde hoje está Iguape, que pertenceria à coroa portuguesa. Não sendo atendido, ordenou uma expedição chefiada por Pero de Góis, que deveria executar a desocupação à força. Informados sobre a expedição, Moschera e o Bacharel, apoiados por indígenas flecheiros carijós, capturaram um navio corsário francês e desbarataram a força portuguesa. Entre os anos de 1534 e 1536, as forças de Moschera e do Bacharel destruíram a vila de São Vicente, matando a maior parte da população, libertando os prisioneiros e incendiando o cartório onde estavam os registros oficiais do município, levando inclusive o Livro do Tombo, fonte oficial de informação sobre a região de Iguape e sobre seus fundadores. Após os ataques, Moschera retornou ao rio da Prata.

A povoação de Iguape continuou sob o domínio do Bacharel Fernandes e teve sua primeira igreja, em homenagem a Nossa Senhora das Neves, construída em 1537. A data de fundação de Iguape foi estabelecida em 3 de dezembro de 1538, ano em que Iguape e Cananeia se separaram. Em 1577, o povoado foi elevado à categoria de "Freguesia de Nossa senhora das Neves da Vila de Iguape", ano em que foi aberto o primeiro livro do tombo da Igreja de Nossa Senhora das Neves.

Existente até o primeiro quartel do século XVII onde hoje está a vila de Icapara, a falta de água potável, a falta de espaço para expansão e eventuais ataques piratas levaram à transferência da freguesia para uma área alguns quilômetros ao sul por ordem do fidalgo português Eleodoro Ébano Pereira. Ainda no século XVI, haviam sido descobertos os primeiros sinais de ouro na região do Vale do Ribeira. Devido à sua abundância, a procura logo se intensificou e, rapidamente, a exploração do ouro de aluvião se tornou a principal atividade econômica do município. Para evitar o contrabando e intensificar a cobrança de impostos pela coroa portuguesa, foi fundada, por volta de 1630, a Casa de Oficina Real de Fundição de Ouro, que é considerada a primeira do gênero no Brasil.

Em 1918, o pintor Trajano Vaz retratou o encontro da imagem do Senhor Bom Jesus de Iguape, na Praia do Una, em 1647.

Em 1647, no auge da riqueza proporcionada pelo ouro, Iguape transformou-se em um centro de peregrinação. Na descrição do aparecimento da imagem do Senhor Bom Jesus de Iguape, dois índios que iam a caminho da Vila Nossa Senhora da Conceição de Itanhaém acharam um vulto desconhecido rolando nas ondas, e levaram-no para a praia, onde cavaram um buraco e o colocaram em pé com o rosto para o nascente. Ao retornar, os índios acharam a imagem no mesmo lugar, mas com o rosto virado para o poente, e acharam estranho não haver vestígio de que alguém o tivesse movido. A notícia se espalhou e a imagem foi levada para um riacho no sopé do Morro do Espia, onde, sobre as pedras, foi banhada para lhe retirar o sal marinho e ser encarnada novamente. Depois de ser decorada, foi entronizada no altar-mor da antiga Igreja de Nossa Senhora das Neves.

Na década de 1780, foi dado início à construção da nova igreja matriz, haja vista a outra estar em precárias condições. Feita de argamassa, óleo de baleia e pedras retiradas da face marítima do morro, todo o trabalho era executado pela população, voluntária e gratuitamente. Em 1798, as obras estavam avançando lentamente, e, em 1800, estas pararam, retornando em datas esporádicas. Em 1822, foram contratados, no Rio de Janeiro, um mestre e três canteiros e, em agosto do mesmo ano, recomeçou a obra. A igreja foi concluída em julho de 1856, e no dia 8 de agosto do mesmo ano foram trasladadas as imagens da antiga igreja para a nova Igreja Matriz. Em 3 de abril de 1848, a vila fora elevada à categoria de cidade, com o nome de "Bom Jesus da Ribeira", no ano seguinte modificado para "Bom Jesus de Iguape".

Com o esgotamento das minas e o descobrimento de ouro no interior do Brasil, o município rapidamente entrou em declínio, voltando depois a crescer com o desenvolvimento da indústria de navegação e com a plantação de arroz. A partir daí, Iguape iniciou um período de riqueza e atingiu seu ápice de desenvolvimento em meados do século XIX, com a construção dos principais casarões que ainda hoje podem ser vistos no centro histórico, com dois portos movimentados, teatros, quatro jornais diários e o vice-consulado português.

Iguape havia se tornado um dos principais municípios do sul do Brasil, a ponto de, em 1841, o ainda adolescente imperador dom Pedro II ter concedido a Antônio da Silva Prado, político e senhor de terras, o título de Barão de Iguape.

Até meados do século XIX, Iguape sempre havia sido uma espécie de península, com o Rio Ribeira de Iguape serpenteando até quase três quilômetros do mar e depois retornando para o interior, só encontrando sua foz muitos quilômetros adiante. As sacas de arroz que vinham da zona rural eram descarregadas no Porto do Ribeira, fluvial, de onde eram transportadas em lombo de burro ou carroças por aproximadamente três quilômetros até o Porto Grande, marítimo, onde eram embarcadas para exportação. O inconveniente de se ter de transportar o arroz por terra em um trecho tão curto levou à ideia de se construir um canal que ligasse o rio ao mar, permitindo assim o transporte direto do arroz até as embarcações de grande porte. Após décadas de debates sobre o melhor local para a construção do canal, decidiu-se pelo trecho mais curto, que era também o mais arenoso e, portanto, mais fácil de ser construído.

O canal foi construído por escravos por mais de duas décadas e começou a ser utilizado em 1852. Inicialmente um canal estreito, com cerca de quatro metros de largura, rapidamente começou a alargar, não resistindo à imensa corrente de água. Por volta de 1900, com a contenção das margens, controlou-se o controle do fluxo de água no canal, mas o Mar Pequeno ficou assoreado, o que acabou impedindo a entrada de navios grandes no porto. O porto da cidade já não podia ser utilizado por embarcações de maior calado, impedindo assim a saída do arroz e levando à decadência da cultura de arroz da cidade. Além disso, o atalho encontrado pelo rio através do canal acabou influenciando fortemente o ciclo de cheias que inundavam a região periodicamente e que a tornavam tão fértil. O impacto causado pelo Valo Grande, o declínio da cultura de arroz e os problemas políticos levaram à decadência do município no final do século XIX. De um importante centro agroexportador, a cidade foi aos poucos perdendo importância.

No final do século XIX e início do século XX, imigrantes vindos principalmente da Itália e do Japão chegaram a Iguape através de colônias implantadas pelo governo federal e estatual. A cidade ganhou assim uma marcante influência desses colonos, especialmente dos japoneses, que hoje respondem por mais de 10% da população da cidade e têm bastante influência na produção agrícola e na indústria pesqueira.

Através do Decreto n. 6.455, de 19 de abril de 1907, o governo federal criou o Serviço de Povoamento do Solo Nacional. Devido à ineficácia de alguns estados da federação em não possuir capital para criar e manter núcleos coloniais, ficou então determinado mediante o Decreto n. 6.479, de 16 de maio de 1907, que a União poderia intervir no estado com relação aos assuntos de imigração e colonização, haja vista a negativa do governo paulista em ceder terras nessa região, alegando questões econômicas e estratégicas. Houve a substituição por terras devolutas (50.000 hectares), situadas no Vale do Ribeira, na época comarca de Iguape, cedidas oficialmente no ano de 1912 ao Tokyo Sindicate (Sindicato de Tóquio), representado por Ikutaro Ayoagui, e que, um ano depois, veio a se transformar na Brazil Takushoku Kaisha (Companhia Colonizadora do Brasil Ltda.), autorizada, pelo Decreto n. 10.248, de 2 de junho de 1913, a exercer suas atividades em solo brasileiro. As terras da região passaram a ser exploradas a partir de 1913, pela Lei n° 43, de 21 de outubro de 1913, presente no Livro de Registro de Leis da Câmara Municipal de Iguape, a qual autoriza o prefeito, coronel Antônio Jeremias Muniz Junior, a adquirir o sítio Jipovura, para ser doado à Brazil Takushoku Kaisha, a fim de ali ser fundado um núcleo colonial, com objetivo de desenvolver a principal atividade econômica da região, o cultivo do arroz.

Dessa forma, surgiram os núcleos coloniais de Registro, Sete Barras e Katsura (Jipovura), que formavam a Colônia de Iguape. Dentre esses núcleos destacava-se a Colônia de Katsura, criada em 9 de novembro de 1913, no bairro Jipovura, considerada o marco zero da colonização japonesa no Brasil. Inicialmente, a primeira comunidade foi chamada de Katsura Shokuminchi ("Colônia Katsura"), em homenagem ao Primeiro Ministro do Japão na época, Katsura Taro, um dos grandes incentivadores da imigração japonesa para o Brasil.

Após anos de prosperidade, a colônia acumulou infraestrutura invejável para a época, havia escola, ambulatório médico, agência de correio, fábrica de beneficiamento de arroz, estabelecimentos comerciais, alojamentos para hospedar imigrantes, escola mista japonesa e brasileira, inclusive um porto, com viagens regulares dos barcos a vapor da Companhia de Navegação Fluvial Sul Paulista. A maior parte dessa estrutura era financiada pelo capital japonês da Brazil Takushoku Kaisha. Por isso, a Lei Federal n. 11.642, de 11 de janeiro de 2008, decretou que o município de Iguape é considerado o "berço da colonização japonesa no Brasil".

A partir da década de 1930, Iguape conseguiu iniciar um processo de recuperação, com o desenvolvimento da cultura de banana e da pesca, mas a falta de planejamento, associada aos problemas políticos locais que persistem há quase dois séculos, impediram que ela conseguisse retornar à opulência que um dia teve. Hoje, a cidade tem um índice de desenvolvimento humano abaixo da média brasileira, e vive da pesca e do turismo.

Turismo

Atualmente, uma das principais atividades econômicas de Iguape é o turismo. O município possui diversas atrações, tendo a vantagem de ser histórico e com ar interiorano, mas com praias.

Fonte do Senhor

A Gruta do Senhor foi iniciada em 1º de dezembro de 1737 e concluída no mês de junho de 1738, ao custo de 190 mil réis.

A Fonte do Senhor é um pequeno parque turístico pertencente ao Parque Floresta Municipal do Morro do Espia. Possui uma tranquila área de lazer com gramados e árvores da Mata Atlântica, diversas bicas e torneiras com água potável das cachoeiras, uma lagoa com patos e peixes ornamentais e um grande tanque, antes usado para tratamento de água e que atualmente serve de piscina pública. Esse parque foi criado ao redor da capela – mais conhecida como gruta – erguida em 1737, em pedra e cal, sobre a famosa pedra que cresce, onde a imagem do Senhor Bom Jesus de Iguape foi lavada, no ano de 1647, após ser encontrada na Praia do Una, na Jureia. É a lenda da "pedra que cresce", que intrigou até o grande escritor Albert Camus, Prêmio Nobel de Literatura, ao visitar o município de Iguape no mês de agosto de 1949, acompanhado de Oswald de Andrade, Paul Silvestre, adido cultural francês, e Rudá de Andrade, filho de Oswald, além do motorista, cujo nome não foi citado, mas que foi apelidado por Camus de "Augusto Comte", por parecer com o referido filósofo francês. Serviu por muitos anos para lavagem de roupas e abastecimento de água potável para a população da Vila de Iguape. Na época da festa do Bom Jesus de Iguape e no verão, esse parque fica bastante movimentado por romeiros ou turistas que visitam o município. O parque é um dos pontos de partida para a Trilha Ecológica do Morro do Espia, com extensão de 2,8 quilômetros, que dá acesso à Pedra Lisa e ao Mirante do Cristo Redentor.

Mar Pequeno

Iguape é parte do Complexo Estuarino-Lagunar do Mar Pequeno, também conhecido como Lagamar, que engloba os municípios de Iguape, Ilha Comprida, Cananeia e Pariquera-Açu, no Estado de São Paulo, e Paranaguá, no Paraná. É uma área muito rica em manguezais, que serve de berçário para várias espécies marinhas e por isso é considerada um dos cinco maiores criadouros marinhos do mundo. Suas lagunas à beira-mar com vegetação de restingas e Mata Atlântica possuem uma deslumbrante fauna e flora, com guarás, biguás, garças, golfinhos, dezenas de espécies de aves marinhas e animais exóticos, como o papagaio-de-cara-roxa, uma das aves que estão sob risco de extinção no planeta. Em toda a sua extensão, existem também inúmeros sítios arqueológicos, onde estão os Sambaqui, deixados por populações nômades e indígenas que habitavam o local há mais de 5 mil anos.

Barra do Ribeira e Costão da Jureia

A cerca de vinte quilômetros do município, está a foz do Rio Ribeira de Iguape, região conhecida como Barra do Ribeira, excelente local para pesca, esportes aquáticos e ecoturismo. Aos poucos, a pequena vila de pescadores, que a cada ano recebia pessoas de todos os lugares, foi crescendo e se desenvolvendo, tornando-se um bairro de cultura predominantemente caiçara. Um pouco mais para dentro do rio há um serviço de balsa da Dersa que liga a ilha de Iguape às praias da Jureia e do Prelado, pertencentes ao bairro Barra do Ribeira, ambas de acesso livre, totalizando 19 km de extensão e, a partir daí, à Estação Ecológica da Jureia-Itatins, uma unidade de conservação ambiental criada em 1986, atualmente considerada a maior reserva de Mata Atlântica do Brasil, cujo acesso é restrito, somente permitido para fins de pesquisa e atividades de educação ambiental, junto a grupos organizados, acompanhado de monitores credenciados. Ao final do costão da Jureia está o início da Trilha do Imperador (ou do Telégrafo), construída a mando do imperador D. Pedro I, por onde passava, no século XIX, a linha de telégrafos que ligava o Rio de Janeiro ao Paraná, importante meio de comunicação do litoral do país.

Museu de Arte Sacra

Na Igreja do Rosário, está instalado o Museu da Arte Sacra. Inaugurado em 1979, permaneceu por mais de duas décadas funcionando normalmente, enfrentou diversas fases, foi fechado, abandonado, sofreu deterioração e até furto de peças. Foi reinaugurado em 2006 e, hoje possui em seu acervo permanente 60 peças de arte sacra dos séculos XVIII e XIX, parte do acervo histórico da Igreja de Nossa Senhora das Neves e da antiga Igreja de Nossa Senhora do Rosário dos Homens Pretos. Entre as raridades está um quadro em alto-relevo, que traz a cena da Via-Sacra, de procedência europeia. Há também pratarias, inclusive peças que compõem o Império do Divino Espírito Santo. O acervo todo, que chega a 180 objetos, tem procedência de várias igrejas do município, mas a maioria pertenceu à primeira Igreja Matriz de Iguape, construída em 1614 e demolida em 1858, para a construção da atual Basílica do Senhor Bom Jesus de Iguape e Nossa Senhora das Neves, padroeiros de Iguape.

Centro histórico

Iguape possui o maior casario colonial preservado do Estado de São Paulo, com diversas casas, casarões e igrejas em vielas estreitas de paralelepípedos. Nessas construções, ricas em detalhes, foram utilizadas técnicas como a taipa francesa e a taipa de pilão. As construções datam dos ciclos do ouro e do arroz, entre os séculos XVI e XIX, período em que Iguape viveu seu auge de desenvolvimento econômico. No dia 3 de dezembro de 2009, durante as comemorações dos 471 anos de sua fundação, o município recebeu o título de patrimônio nacional, com o tombamento de seu núcleo urbano, ou seja, o centro histórico, o antigo sistema portuário fluvial e marítimo, incluindo o canal do Valo Grande e o Morro da Espia, além de diversas áreas da zona rural relacionadas com a imigração japonesa no Brasil.

Basílica do Senhor Bom Jesus de Iguape e Nossa Senhora das Neves

Templo católico construído em pedra portuguesa, argamassa e óleo de baleia, entre os séculos XVIII e XIX. Ali é possível observar várias imagens, entre elas as dos padroeiros do município, Nossa Senhora das Neves e Bom Jesus de Iguape. Na basílica, também é possível visitar a Sala dos Milagres, que possui objetos deixados pelos devotos em agradecimento às graças recebidas.

Morro do Espia

Com mais de cinquenta metros de altitude, em um local privilegiado, o Parque Municipal do Morro do Espia tem esse nome porque era usado por vigias que controlavam a entrada e a saída de embarcações no porto e que alertavam a população quando da chegada de piratas através da Barra do Icapara, local onde ocorreu a batalha que ficou conhecida como Entrincheiramento de Iguape. Hoje, esse ponto é muito visitado devido à visão panorâmica única do município e de todo o complexo estuarino-lagunar, bem como da totalidade do Canal do Valo Grande, propiciando, assim, uma melhor compreensão sobre essa obra polêmica. Nesse ponto, exatamente onde havia uma grande cruz de madeira, levantada por José Gonçalves, existe uma réplica do Cristo Redentor do Rio de Janeiro, inaugurada em 10 de dezembro de 1953, obra do escultor José Rosasco.

Fundação S.O.S. Mata Atlântica

Está localizada em um centenário casarão cedido pela Fundação Brasileira para a Conservação da Natureza (FBCN), no centro histórico de Iguape, que foi restaurado pela própria fundação em 1989, e onde foi criada a Base Urbana de Iguape. Exibe filmes sobre a região, serve de local de exposição do artesanato local e possui maquetes e painéis que exibem a diversidade ambiental do lagamar. A maquete principal permite uma visão geral do lagamar e de todo o relevo da região, incluindo as Unidades de Conservação (UCs) da região, que abrange cerca de 70% do território do Vale do Ribeira. A sede abriga, também, o Centro de Interpretação Ambiental e Informação Turística, que divulga o potencial natural e histórico-cultural da região do lagamar, através de painéis explicativos sobre a Mata Atlântica preservada e seus habitantes.

Carnaval

O carnaval de Iguape é considerado um dos melhores carnavais de rua de São Paulo, com diversos blocos que se apresentam na praça da basílica e nela dão uma volta, seguidos por centenas de foliões. Entre os mais tradicionais estão o bloco "Zé Pereira", sendo o carro-chefe que abre a folia do carnaval iguapense desde 1846; a "Chaleira", fundado em 8 de janeiro de 1910; "Juritica", em fevereiro de 1960; "Banho da Dorotheia", em 16 de fevereiro de 1972; o "Bloco do Galo", em fevereiro de 1978; e o "Boi Tatá", em março de 1981. Essa festa chega a levar mais de 200 mil visitantes a Iguape durante o período dos festejos populares.

Festa de Agosto

Entre os dias 28 de julho e 6 de agosto, Iguape é tomada por peregrinos, também chamados de romeiros, que lotam a cidade para participar das missas e procissões em louvor aos padroeiros da cidade. A cidade recebe de 150 a 200 mil visitantes que lotam os hotéis e pousadas da região ou que acampam nas suas áreas livres, tomadas por bancas de vendedores ambulantes e de comida, que aproveitam o grande movimento para faturar. Antigamente, essas bancas eram elas próprias uma atração, visto que a cidade ficava muito isolada e vários produtos não chegavam até lá.

Museu Municipal

Estabelecido em 1653, já serviu como quartel, cadeia e Casa da Câmara.

Esse museu está magnificamente restaurado e é o mais antigo edifício fazendário do Brasil. Originalmente onde funcionou a primeira casa de fundição de ouro do Brasil, atualmente ocupado pelo Museu Municipal de Iguape, criado através da Lei Número Doze, de 23 de dezembro de 1906, depois de ter sido usado sucessivamente como cadeia, quartel e Casa da Câmara, nele podem ser encontrados diversos artefatos indígenas de antes da chegada dos europeus, como o Ídolo de Iguape, um busto de mais de 2.500 anos, as cerâmicas igaçaba encontradas nos sambaquis da região; objetos do período da escravidão no Brasil; prensas tipográficas utilizadas para impressão dos antigos jornais da cidade, insígnias e outros objetos da Revolução Constitucionalista de 1932, utilizados pelos combatentes iguapenses que enfrentaram as forças de Getúlio Vargas instaladas em Cananeia; além do Diploma da Medalha de Campanha, condecoração concedida pela participação na Força Expedicionária Brasileira, nas operações durante a Segunda Guerra Mundial, em 1944 na Itália. Também se pode acompanhar, através de seu acervo, um histórico abrangente do período colonial e imperial brasileiro, entre eles um Diploma de Honra, o qual premiou o arroz de Iguape como o melhor do mundo em exposição internacional realizada em 29 de abril de 1911, em Turim, na Itália.

REFERÊNCIA

WIKIPÉDIA – a enciclopédia livre. *Iguape*. Disponível em: https://pt.wikipedia.org/wiki/Iguape. Acesso em: 16 out. 2019.

Emanuelle Machado Garollo Torres Peroni

A filha da cidade grande, o Lagamar e a natureza

Confesso que nunca fui muito ligada à natureza e às belezas que ela reserva; sou filha da cidade grande, da capital, sempre fui aquele tipo de pessoa que pagava para não ter que fazer uma caminhada ou passar um dia no parque, até porque, sempre que eu ia, voltava cheia de picadas de pernilongo, mutuca, formigas e "*otras cositas más*".

Nunca me vi morando em uma cidade praiana, saindo de casa e dando de cara com o mar e com tudo mais que a natureza pode oferecer, mas como a vida é uma "caixinha de surpresas", aqui estou eu escrevendo, e quando olho para a janela à minha frente o que vejo são os mais variados tipos de árvores, algumas grandes, outras pequenas, folhas largas, folhas estreitas. Quando me levanto e chego mais perto (da janela), consigo ver lá longe morros imensos e confesso que acabo cedendo aos encantos da natureza.

Há três anos moro em Iguape, uma das cidades que fazem parte do Complexo Estuarino Lagamar. Logo que mudei ouvia muito falar sobre esse tal complexo; moradores nativos, filhos da terra, enchiam a boca para falar sobre o Lagamar, e vou ser bem sincera, já tinha ouvido falar, mas nunca soube exatamente o que era e o que tinha de tão importante, até que a profissão de jornalista falou mais alto e passei a pesquisar e querer saber um pouco mais. Agora sim compreendo que toda essa beleza natural faz parte de algo bem maior e hoje me orgulho de morar no Vale do Ribeira, apesar de ainda estar me acostumando com esse contato constante com a natureza.

Vocês devem estar se perguntando, mas e o Lagamar? Em termos técnicos a região do Lagamar é considerada o maior trecho contínuo de Mata Atlântica no país, mas para mim é muito mais, é a oportunidade de conhecer e reconhecer o que nosso país tem de melhor, a natureza, a fauna e a flora e toda a diversidade que ela nos oferece. É a oportunidade de ir até Cananeia e se deparar com cachoeiras na encosta da Serra do Mar, é vir até Iguape e ficar encantado com um casario colonial preservado, é visitar a Ilha Comprida e percorrer os 74 km de praia cercados dos mais diferentes tipos de paisagem.

Hoje, escrevendo e revendo tudo que a natureza tem para nos oferecer, só consigo agradecer por cada centímetro de terra, por cada árvore, por tantas belezas, e sei que lá no fundo ter vindo pra cá foi um presente, conhecer as histórias sobre o Lagamar e sobre tudo que ele nos proporciona faz bem, e até arrisco a dizer que aquelas picadas de pernilongo e butucas que antes me incomodavam já fazem parte do meu dia a dia e de quem eu sou hoje.

Maria Cristina Caiana Viégas Abreu

Iguape, "Princesa do Litoral"

Paredes levantadas com óleo de baleia, conchas, areia, cal e pedras. Casas coloridas. Pequenas vielas, construções de séculos passados erguidas por escravos, que testemunham a história e revelam um passado de lutas e glórias e de homens e natureza.

Além das Reservas de Mata Atlântica do Sudeste, tombadas pela Unesco no ano de 1999 como Patrimônio da Humanidade, Iguape ainda faz parte do circuito turístico do Lagamar. A cidade tem o maior acervo preservado de construções coloniais do estado, tombado pelo Iphan (Instituto do Patrimônio Histórico e Artístico Nacional) em 2009.

Compreende o maior centro histórico e arquitetônico conservado do estado de São Paulo, com 64 imóveis em estilo colonial português, entre eles casarões e igrejas. Nessas construções ricas em detalhes, foram utilizadas técnicas como a taipa francesa e a taipa de pilão com porta-janelas e varandas. O conjunto de construções retrata os ciclos do ouro e do arroz, períodos de grande desenvolvimento econômico do município.

Quem anda pela praça central da cidade, diante da imponente basílica do Senhor Bom Jesus do Iguape, construída entre os séculos XVIII e XIX, não imagina estar pisando em solo sagrado. Naquele pedaço de chão, onde os índios enterraram seus mortos, é possível olhar em volta e encontrar nos detalhes as marcas do passado.

Fundada no início do século XVI, Iguape tornou-se um centro de peregrinação por volta de 1647, quando os índios encontraram uma imagem do Senhor Bom Jesus em uma praia da região. A partir de então, a festividade ao santo só tem crescido. No mês de agosto, Iguape floresce.

Centenas de peregrinos dirigem-se à cidade para ver o famoso Bom Jesus do Iguape. Famílias de diversos lugares do Brasil vão pagar promessa e saem em procissão pelas ruas de paralelepípedos.

Durante uma semana que antecede o dia de Bom Jesus do Iguape, o som das rezas ecoa pela praça da matriz. No primeiro sábado de agosto, quando a imagem de Bom Jesus do Iguape sai em cortejo, pode-se ver crianças vestidas de anjos para cumprir a promessa que foi feita pelos pais em momento de desespero.

Uma curiosidade: o escritor francês Albert Camus (1913-1960) conheceu a festa e publicou um conto sobre ela na década de 1950. Mas Iguape não é só reza e fé: os seus maiores tesouros são suas praias, em que as águas do Ribeira encontram o mar, lugar dos tempos do imperador, por onde muitas das riquezas brasileiras deixaram o País.

Além da história, a cidade ainda tem para mostrar sua natureza preservada, trilhas históricas e lugares paradisíacos. Cerca de 85% da área da Estação Ecológica da Jureia-Itatins estão na cidade. Um potencial para gerar desenvolvimento.

Em Iguape funcionou a primeira fundição de ouro do Brasil. O mineral, extraído a princípio das montanhas do Alto

Ribeira, descia o grande rio, era transformado em barras e embarcado para Portugal. Hoje museu, a Casa de Fundição mostra documentos arqueológicos de 5.000 anos e peças do tempo da escravidão que sobreviveram ao tempo para atestar a história.

Voltar no tempo é inevitável. Constatar as transformações do poder do homem sobre a natureza e as inevitáveis consequências não é difícil. O braço de mar que separa Iguape de Ilha Comprida é hoje tomado em grande parte por manguezais e pequenas ilhas que cresceram com as escavações da "grande vala", uma transposição que encurtou o caminho do rio para o mar. Uma obra que começou com 4 metros de largura e hoje já chega a mais de 20 metros, resultado do assoreamento e da força das águas.

Quem mora em Iguape sabe hoje dos pecados ancestrais. Sabe também da necessidade de olhar o horizonte. Assim como os ciclos do ouro e do arroz que transformaram a pequena aldeia de pescadores de Icapara, onde nasceu Iguape, em cidade, cresce a mentalidade de que a sustentabilidade também está na exploração do potencial turístico e cultural da cidade.

Além da aula de história na sede do município, a natureza preservada nas serras, nas estações ecológicas e nas reservas, esconde lugares paradisíacos onde bugios, macacos-prego, tucanos e até onças sobrevivem em seus *habitats*. Lugares como as cachoeiras do Rio Despraiado, a 60 Km do centro, nos limites oeste da estação ecológica, e o costão da Jureia, onde a estação encontra o mar e só é possível chegar com a maré baixa da lua minguante.

Roberto Fortes

Iguape – Uma História

Crédito Tribuna de Iguape. Roberto Fortes

Obelisco do IV Centenário de Iguape.

Controvérsias à parte, pode-se afirmar que Iguape nasceu com o Brasil. A data de fundação da cidade é desconhecida, sendo escolhido o dia 3 de dezembro de 1538 como a data oficial. Sua fundação é atribuída ao degredado português Bacharel Cosme Fernandes – vulto dos mais controvertidos da história pátria –, juntamente com o aventureiro castelhano Rui García Mosquera.

O Bacharel teria chegado à região em 1502, segundo o historiador Francisco Adolfo de Varnhagen, vindo na armada de André Gonçalves, que tinha como piloto Américo Vespúcio. Rui Mosquera, vindo com um grupo de castelhanos do Rio da Prata, estabeleceu-se em Iguape entre 1532 e 1534. Juntamente com o Bacharel e seus índios, Mosquera, segundo Ruy Diaz de Guzmán, atacou São Vicente, que saqueou e incendiou, fugindo, depois, para Santa Catarina e dali para o Rio da Prata.

Em 1577, foi criada a Freguesia de Nossa Senhora das Neves de Iguape. Devido a vários fatores – como falta d'água potável e de espaço para a expansão da vila, e até mesmo ataques de piratas –, decidiram mudar o povoado, entre os anos de 1600 a 1614, para a imensa planície costeira ao Mar Pequeno, sesmaria de propriedade do capitão Francisco Alvares Marinho, que doou a área para a (re)fundação da vila, onde modernamente situa-se a cidade. A patente de vila deve ter sido concedida entre 1600 a 1619, pois consta que já era vila nesse ano, segundo documento encontrado pelo historiador Ernesto Guilherme Young.

Para que fosse possível se comemorar anualmente a data de fundação de Iguape, em 1938, o então prefeito, Manoel Honório Fortes, incumbiu uma comissão de historiadores paulistas, presidida pelo ilustre Afonso D'Escragnolle Taunay, para estabelecerem a data provável da fundação, sendo aceito o dia 3 de dezembro de 1538, quando foram separados os termos de Iguape e Cananeia. Assim, no dia 3 de dezembro de 1938, foi festivamente comemorado o IV Centenário de Fundação de Iguape, numa grandiosa solenidade, até hoje lembrada pelos iguapenses mais antigos.

O fausto do ouro

Já por volta de 1551-1552, foram descobertos veios auríferos na região de Iguape. Na década de 1570, passou pela região o alemão Heliodoro Eobanos, à cata de ouro. Nesse período, intensificou-se a mineração do ouro de lavagem, e a Coroa portuguesa, para evitar contrabando e garantir seu quinto, fundou em Iguape, em torno da década de 1630, a

Casa de Officina Real da Fundição do Ouro, considerada por alguns historiadores como a primeira casa do gênero no Brasil. Era dirigida pelo brasileiro Manoel dos Reis, que ocupava o cargo de almotacel (inspetor de pesos de medidas).

Foi uma fase de fausto. Conta-se que, nas festas, as mulheres adornavam suas cabeleiras com ouro em pó, e era costume o noivo presentear a noiva com um litro de ouro em pó. Nessa época, foram construídos alguns dos casarões assobradados que podem ser notados na Praça da Basílica e nas cercanias da cidade. Mas ainda existiam poucas casas de morada na vila; muitas das famílias residiam pelos sítios. Assim, em 1679, edito do governador da Capitania de Itanhaém, Luiz Lopes de Carvalho, ordenava que todo súdito com posses deveria construir uma casa na sede da vila, sob pena de pagar a multa de 10 cruzados.

Em fins do Século XVII, contudo, com a descoberta das Minas Gerais, os mineiros iguapenses deslocaram-se para esse estado, e a mineração em Iguape e Vale do Ribeira entrou em decadência. A economia local voltaria a se reerguer a partir de meados do século seguinte, com as atividades ligadas à construção naval, quando diversos estaleiros foram estabelecidos nas margens dos rios da região. Os barcos eram encomendados por armadores de Santos, Rio de Janeiro e outras localidades.

Bom Jesus: a grande romaria

Em 1647, Iguape iria se transformar num centro de intensa peregrinação religiosa, com o aparecimento da imagem do Senhor Bom Jesus de Iguape, encontrado por dois índios na Praia de Una, na região da Jureia. A partir de então, milhares de romeiros de todas as partes do Brasil vêm à cidade render graças ao Bom Jesus da Cana Verde. É a segunda maior festa religiosa do estado de São Paulo (fica atrás apenas da de Nossa senhora Aparecida), sendo uma das mais importantes do País.

A festa em homenagem ao Senhor Bom Jesus de Iguape e Nossa Senhora das Neves se estende de 28 de julho a 6 de agosto, contando com novena, barracas comerciais, banda de música, procissão e fogos de artifício. Em 1949, a cidade recebeu a visita do escritor Albert Camus, Prêmio Nobel de Literatura em 1957, que, acompanhado por Oswald de Andrade e outros amigos, veio conhecer de perto a grande festa. Suas impressões foram utilizadas para escrever o conto “A pedra que cresce”, inserido no livro *O exílio e o reino*, um de seus maiores sucessos. A devoção do Bom Jesus também recebeu a visita da heroína brasileira dona Joana de Gusmão, do poeta Vicente de Carvalho, do governador Adhemar de Barros, além de outras personalidades.

A Igreja do Bom Jesus foi iniciada em 1787 e inaugurada, mas ainda não concluída, em 8 de agosto de 1858. Foi elevada à categoria de basílica em 1962.

A opulência do arroz

A fase econômica mais importante foi a do ciclo do arroz, que começou a se firmar em fins do século XVIII e atingiu seu esplendor na primeira metade do século XIX, quando capitalistas abastados ganharam expressivos lucros com essa cultura. Nessa época, construíram-se os mais imponentes casarões de pedra e cal que, até hoje, ornamentam a Praça da Basílica e cercanias. Em 1841, o imperador D. Pedro II concedeu o título de Barão de Iguape ao agricultor e político Antônio da Silva Prado, patriarca da aristocrática família paulista. O arroz de Iguape recebeu vários prêmios pela sua qualidade, entre eles, em Turim, Itália, no ano de 1911.

Em fins do século XIX, devido a diversos fatores – como a falta de modernização da lavoura do arroz, a abolição da escravatura e a abertura do Valo Grande, que assoreou o Mar Pequeno e, consequentemente, o antigo porto, principal via de exportação do município –, a cidade entrou em franca decadência. Apenas a partir da década de 1930, com o surgimento de indústrias de pesca e do palmito e da lavoura da banana, a economia local conheceu novo alento, com o estabelecimento de diversas indústrias e a geração de muitos empregos.

O Valo Grande

O principal produto de exportação da vila era o arroz. Produzido nos sítios espalhados pela zona rural, chegava pelo rio até o Porto do Ribeira, onde existia um porto fluvial. Daí era conduzido por carroças, numa distância de 3 Km, até o Porto Grande, no Mar Pequeno, na sede da vila. O transporte custava 10 réis por saca e era considerado oneroso. Assim, os vereadores, apoiado pelos agricultores, decidiram abrir uma vala ligando o Rio Ribeira ao Mar Pequeno. Formaram-se dois partidos: um queria a construção ao norte, perto do morro, por ser o terreno mais consistente; outro pretendia ao sul, onde foi construído a partir de 1827, devido às facilidades oferecidas pelo terreno arenoso. Foi um erro que traria graves consequências.

Durante 25 anos, escravos e trabalhadores assalariados escavaram a vala, que passou a ser utilizada a partir de 1852, dando passagem a pequenas canoas. O que era para ser um benefício transformou-se num pesadelo. A pequena vala de alguns metros, que podia ser pulada em alguns pontos, tornou-se um imenso braço de rio de mais de 200 metros de largura. Suas margens começaram a desbarrancar de maneira vertiginosa; ruas inteiras e casas foram tragadas pela impetuosidade das águas. Diziam que Iguape terminaria seus dias no fundo do Valo Grande. O Mar Pequeno, nas proximidades do Porto Grande, ficou assoreado, impedindo a entrada de navios de grande calado.

Foi um dos motivos que levou Iguape à decadência. Mas não o único. Os outros foram: a falta de união entre os agricultores e políticos; a disputa pelo poder entre os dois grupos conservadores que, desde 1831, dominavam a política local; a precariedade da lavoura do arroz, que não foi modernizada; as sementes do arroz, que foram se degenerando, não existindo um controle de qualidade; e a concorrência de outros centros produtores de arroz, mais desenvolvidos, no estado de São Paulo. O Valo Grande virou o "bode expiatório".

Vila, município e comarca

Não se sabe ao certo a data de elevação de Iguape à categoria de vila. Tal patente deve ter sido concedida entre os anos de 1600 a 1614, quando o povoado se mudou do Icapara

para o local atual, às margens do Mar Pequeno. O município seria criado pela Lei n. 17, de 3 de abril de 1849, com o nome de *Bom Jesus da Ribeira*. Porém, o povo iguapense não gostou dessa mudança de nome. Houve protestos da Câmara de Vereadores, do povo em geral e até do padre. Assim, no ano seguinte, atendendo aos protestos de todos, o governo provincial, por meio da Lei n. 3, de 3 de maio de 1850, mudou o nome da cidade para *Bom Jesus de Iguape*, que a tradição simplificou, a partir de então, para *Iguape*.

A comarca foi criada pela Lei n. 16, de 20 de março de 1858. Essa lei criou também as comarcas de Bananal, Piracicaba e Paraibuna. A comarca de Iguape foi a 13ª criada no estado de São Paulo, tendo sido confirmada pela Lei n. 61, de 20 de abril de 1866. Antes de possuir a sua, Iguape pertenceu a diversas outras comarcas: São Paulo (1700 a 1723), Paranaguá (1723 a 1833), Santos (1833 a 1852), Itapetininga (1852 a 1854) e Santos (1854 a 1858).

O vice-consulado português

Iguape, nos tempos da antiga província, foi uma das cidades mais importantes do Brasil. O nível social e intelectual era elevado, a economia era forte e a política vivia seus dias de glória. A cidade contava com todos os caprichos de uma cidade rica: clubes, teatros, hotéis, gabinete de leitura, jornais etc. Seu porto marítimo, conhecido por Porto Grande, era bastante frequentado por navios de várias partes do País e alguns até mesmo do Exterior. A lavoura do arroz estava em seu auge: milhares de sacas eram exportadas e o dinheiro corria a granel no município.

Destaque especial deve ser feito ao Vice-Consulado Português, que se localizava num prédio situado na Praça da Basílica e que tinha por objetivo tratar dos interesses lusitanos em Iguape e em toda a região. Foi instalado em 1848 e funcionou até 1920. Destacadas figuras da época ocuparam o cargo de vice-cônsul: José Antônio da Silva (1848 a 1862), o primeiro vice-cônsul; José Joaquim Rebello (1865 a 1887); Antônio Ferreira de Aguiar (1887 a 1896); Zacharias Augusto Teixeira (1896 a 1913); e Antônio Marques Teixeira do Amaral (1913 a 1920), que foi o último vice-cônsul português em Iguape.

As colônias de imigrantes

Com a vinda de imigrantes para a região do Vale do Ribeira, a partir da segunda metade do século XIX, o governo do estado decidiu implantar algumas colônias na região. Em Subaúma, que já fora vila em 1770, foi implantada, em 1895, uma próspera colônia agrícola, que chegou mesmo a rivalizar com a sede do município. Pelas dificuldades de acesso e falta de apoio governamental, no entanto, teve curta duração.

Em 9 de novembro de 1913, era fundada em Iguape, no bairro Jipovura, a *Colônia Katsura*, a primeira do Brasil a receber colonos japoneses. Durante muitas décadas, conheceu um grande surto de progresso, tornando-se autossuficiente. Possuía engenhos de arroz, alambiques, comércio variado, escola, agência do Correio, indústria de sericultura, médicos e outras comodidades.

A Colônia Katsura entrou em colapso durante a Segunda Guerra Mundial, quando muitas famílias partiram para outras regiões do estado. Até a década de 1960, no entanto, ainda tinha certa importância. Hoje, restaram apenas as ruínas.

Existe a esperança de que esse importante conjunto seja restaurado pelo patrimônio histórico brasileiro ou mesmo pelo governo japonês.

Banana, pesca, palmito

Com o declínio da lavoura do arroz, já em fins da década de 1920, tinha início o plantio de bananais no município, ciclo econômico que teve muita importância.

A partir de meados da década de 1930, começaram a se estabelecer no município várias indústrias de pesca, para a industrialização da manjuba, que conheceu o seu auge entre os anos de 1930 a 1950.

Na década de 1940, surgiram indústrias de palmito, que representou, na década de 1950 e 1960, a mais importante economia do município. A mais importante era a *Fábrica Caiçara*, que enlatava palmito para as marcas *Cica* e *Armour*, entre outras. Também, nesse intervalo de tempo, existiram outras atividades econômicas, com relativa importância, como a fabricação de esteiras de piri e a utilização da caixeta para a produção de tamancos e outros itens.

Visitantes ilustres

Iguape, ao longo de sua história quase cinco vezes secular, recebeu a visita de célebres personalidades, entre as quais podem ser destacadas: Frei Gaspar da Madre de Deus, cronista brasileiro, no século XVIII; Joana de Gusmão, heroína brasileira, irmã do padre Bartolomeu de Gusmão, também no século XVIII; Martim Francisco Ribeiro de Andrada, geólogo e político, irmão do "Patriarca da Independência", em 1805; o explorador inglês Sir Richard Burton, desbravador da África, em 1864; General Osório, herói da Guerra do Paraguai, em 1877; o escritor Monteiro Lobato, em 1918; Altino Arantes, presidente do estado de São Paulo, em 1918; Washington Luiz, presidente do estado, em 1921; o poeta Vicente de Carvalho, grande amigo de Iguape, em várias ocasiões; Adhemar de Barros, interventor federal e governador do estado, outro grande amigo de Iguape, em diversas ocasiões; além do imortal escritor Albert Camus, em 1949.

Iguapenses ilustres

Iguape também foi berço de muitos personagens que se destacaram no Brasil e no mundo, ente os quais: Sérgio Francisco de Souza Castro, deputado geral e provincial e senador pelo Paraná, no século XIX; comendador Filadelpho de Souza Castro, deputado provincial e vulto de destaque na capital federal (Rio de Janeiro), amigo do presidente Prudente de Moraes; Eugênio de Andrada Egas, renomado jurista, diplomata, conferencista, sócio-fundador do Instituto Histórico e Geográfico de São Paulo e da Academia Paulista de Letras, intendente de São Carlos e deputado estadual; Arnaldo Ferreira de Aguiar, vereador e prefeito de Santos, em 1926; Cyro de Athayde Carneiro, prefeito de Santos, de 1938 a 1941; Oraida Amaral Camargo, consagrada pianista; Nícia Silva, notável cantora de ópera, que cantou para os reis da Inglaterra, mãe da cantora e cineasta Gilda de Abreu; Paulo Moutinho, jornalista que brilhou nas páginas de *O Estado de S. Paulo*, *Correio Paulistano* e outros; Trajano Vaz, reconhecido pintor, que estudou em Paris e pintou o quadro do achado da imagem do Bom Jesus.

O turismo

O turismo, hoje, é uma das principais economias do município, ao lado da pesca, do comércio e serviços e da agricultura. Já em fins do século XIX, as praias de Iguape e Cananeia eram utilizadas por veranistas. Os médicos destacavam as qualidades terapêuticas da água do mar. Em 1920, foi construída na Ilha Comprida uma vila balneária, que, no entanto, funcionou por apenas dois anos.

De maneira mais organizada, o turismo começou a ter certa importância a partir da década de 1950, quando foram adquiridas enormes glebas de terras na Ilha Comprida, que deram origem a muitos dos atuais balneários. A partir da década de 1970, veio o "*boom*", quando o turismo se firmou definitivamente.

Pacata, hospitaleira, sem aquela agitação dos grandes centros urbanos, Iguape oferece um bom serviço para a recepção de turistas, como hotéis, pousadas, pensões, além de restaurantes, lanchonetes, clubes etc.

Obelisco do IV Centenário de Iguape.

Crédito Tribuna de Iguape. Roberto Fortes

Ilha Comprida

Aspectos Peculiares de Ilha Comprida[1]

Ilha Comprida é um município brasileiro do estado de São Paulo. É uma cidade litorânea situada na Mesorregião do Litoral Sul Paulista e na Microrregião de Registro no Vale do Ribeira, ficando a uma distância 209 km da capital. Seu território comprido e estreito possui uma área 192,09 km^2, e sua população aferida pelo IBGE no Censo de 2010 era de 9.025 habitantes, resultando em uma densidade demográfica de 47 hab/km^2. Na estimativa do IBGE para 2018, a população calculada era de 10.965 habitantes, resultando em uma densidade demográfica estimada de 52,59 hab/km^2.

História

A história de Ilha Comprida confunde-se com as origens dos povoados de Iguape e Cananeia, que, ainda no período Pré-Colonial do Brasil, foram ocupados por degredados europeus aliados aos povos indígenas da região.

1 Adaptado de: WIKIPÉDIA – a enciclopédia livre. *Ilha Comprida*. Disponível em: https://pt.wikipedia.org/wiki/Ilha_Comprida. Acesso em: 16 out. 2019.

No final do século XVIII, a ilha recebe os primeiros sinais de ocupação europeia, com a fundação da Vila de Nossa Senhora da Conceição da Marinha, no lado oposto da barra do Rio Sabaúna. No início do século XX, começa a se desenvolver a vila de Pedrinhas, tradicional povoado de pescadores.

Em 1938, o território de Ilha Comprida, estimado em 74 km de comprimento, foi dividido entre as cidades de Iguape e Cananeia, ficando cada uma delas com 70% e 30% do território, respectivamente.

A partir da década de 1950, o território passa a ser ocupado de maneira mais efetiva. A travessia para as cidades vizinhas era feita por meio de balsas localizadas à altura dos bairros do Boqueirão Sul – na passagem para Cananeia– e no Boqueirão Norte – para chegar a Iguape.

Em meados da década de 1980, começou um movimento pela emancipação política de Ilha Comprida. Em plebiscito realizado em 27 de outubro de 1991, a população local decidiu pela criação do novo município. Em 5 de março de 1992, data que marca a fundação da cidade, Ilha Comprida tornava-se independente.

No ano 2000, o acesso a Ilha Comprida foi melhorado após a inauguração da Ponte Prefeito Laércio Ribeiro, que faz a ligação com o município de Iguape. No decorrer da última década, a cidade assistiu a um crescente aumento no número de turistas, ao mesmo tempo em que busca promover o desenvolvimento econômico por meio da conservação do seu patrimônio ambiental e cultural.

Geografia

Ilha Comprida possui uma área de 192,09 km^2, e seu nome se deve à característica peculiar de seu território ter uma extensão muito maior que a largura (74 km de extensão e, no máximo, 4 km de largura em alguns pontos).

Com 74 quilômetros de praias, áreas de mangues, sítios arqueológicos, matas, dunas e espécies raras de aves, a Ilha Comprida é uma das últimas áreas remanescentes da Mata Atlântica e um dos últimos ecossistemas não poluídos do litoral brasileiro. Faz parte do Complexo Estuário Lagamar de Iguape – Paranaguá, que constitui um dos maiores viveiros de peixe e crustáceos do Atlântico Sul. Por possuir importância ambiental, a Organização das Nações Unidas para Educação, Ciência e Cultura (UNESCO) o incluiu como Reserva da Biosfera do Planeta. O município, que tem 100%

de seu território – 252 quilômetros quadrados – incluído em Área de Proteção Ambiental, desenvolve ações estruturais para se transformar em Cidade Modelo do Turismo Sustentável.

As dunas de Ilha Comprida se espalham ao longo da orla nas proximidades do Mar Pequeno. As dunas do Araçá, que ficam a 7,5 quilômetros do lado esquerdo do Boqueirão, atingem até dez metros de altura. Também são encontradas no caminho do Boqueirão Sul em grandes extensões. Algumas delas terminam nas lagoas.

Ilha Comprida é um dos 15 municípios paulistas considerados estâncias balneárias pelo Estado de São Paulo, por cumprirem determinados pré-requisitos definidos por Lei Estadual. Tal *status* garante a esses municípios uma verba maior por parte do Estado para a promoção do turismo regional. O município também adquire o direito de agregar junto a seu nome o título de Estância Balneária, termo pelo qual passa a ser designado tanto pelo expediente municipal oficial quanto pelas referências estaduais.

Antes mesmo de o município ter sido criado em 1991, a Área de Proteção Ambiental da Ilha Comprida já existia. Ela foi criada pelo Decreto Estadual 26.881 em 11 de março de 1987. Em 30 de novembro de 1989, com o Decreto 30.817, a APA foi definida como Área de Relevante Interesse Ecológico (ARIE).

REFERÊNCIA

WIKIPÉDIA – a enciclopédia livre. *Ilha Comprida*. Disponível em: https://pt.wikipedia.org/wiki/Ilha_Comprida. Acesso em: 16 out. 2019.

Mônica Novaes

O contador de histórias

Depois de um longo dia percorrendo o Lagamar em busca de material sobre a vida marinha da região, passou um bom tempo deitada no escuro, a madeira do píer ainda guardava o calor do dia sob suas costas doloridas de tanto se equilibrar no pequeno barco. Dali do píer podia ver a lua tímida que teimava em se esconder atrás de nuvens prateadas. Sim, era uma noite pálida e prateada, cheia de sons, brisa e peixes a saltar na água mansa.

Atrás dela a pequena vila de pescadores adormecia em um silêncio surdo e profundo. Parou alguns segundos para ouvir além da vila, ouviu os pequenos insetos, as pererecas, o estalar de galhos secos. Sentiu o cheiro forte do mangue, que viajou com a brisa fresca da noite sem luar. Respirou fundo, sentiu o Lagamar pulsar.

A noite caiu por completo. Tudo estava em silêncio. Era um silêncio bom, um silêncio de repouso, uma pausa. Percebeu que se sentia cansada e soltou o corpo displicentemente no piso de tábua. Revirou os olhos e viu uma pequena chama luzir ao longe. Observou-a flutuar em sua direção como um pequeno espectro a brincar. Sentiu o corpo arrepiar quando uma voz preencheu o silêncio com um alerta: "Isso não é hora de uma mocinha estar sozinha!". Sorriu aliviada ao perceber que era o Seu Arnoldo, um dos pescadores da pequena vila.

Devolveu-lhe a pergunta: "E o que faz o senhor acordado até essa hora?".

"Eu venho aqui toda noite pra observar."

"E tem visto muita coisa?", perguntou cheia de curiosidade.

"Por aqui acontece mais coisa do que você pode imaginar, menina."

"É mesmo? E o senhor teria uma boa história para me contar?", perguntou com ar desafiador.

Mesmo não podendo vê-lo na escuridão do Lagamar, pôde perceber seus olhinhos luzirem diante da possibilidade de contar, afinal assim são os contadores de histórias, ávidos por ouvidos atentos e curiosos. Sentou-se ao lado dela e começou a contar. A primeira história foi cheia de humor e inocência de pescador. Não se sentindo satisfeita, ela perguntou: "E história de pescador, tem alguma assustadora?".

Ele riu enquanto buscava na memória uma história que pudesse impressioná-la de vez. "Aconteceu há muito tempo atrás, nesse canal logo aqui na frente, eram dois pescadores pescando de uma canoa perto do sambaqui[1]. Era uma noite

[1] Sambaqui é o nome dado aos sítios pré-históricos formados pela acumulação de conchas e moluscos marinhos, realizados por humanos, em que frequentemente se encontram ossos humanos e de animais, objetos de pedra, chifre e cerâmica. Aparecem como pequenas elevações e são a prova da presença do homem primitivo na área litorânea composta pela restinga.

escura, sem lua. A água estava bem paradinha e dava pra ouvir qualquer som a quilômetros de distância, e eles começaram a ouvir saltos na água. Logo pensaram que só podiam ser tainhas e das grandes, porque o barulho que elas faziam quando saltavam era forte. Aproximaram a canoa até chegar bem perto e o barulho só aumentava, era tainha pulando pra todo lado, e, de repente, eles ouviram um baque dentro da canoa. Felizes da vida acenderam o lampião pra ver o tamanho da tainha que pulou pra dentro da embarcação, só que quando a luz brilhou o coração deles gelou... Dentro do barco não tinha peixe e sim um pedaço de osso de gente! Foi aí que eles iluminaram o rio em volta da canoa e viram vários ossos saindo do sambaqui e sendo lançados na água. Os dois pegaram os remos e voaram dali e até hoje ninguém mais se atreve a pescar por lá."

Uma brisa forte soprou empurrando as nuvens e deixando a lua espiar a conversa, arrepiou-se quando sentiu o vento soprando às suas costas e pôde ver um sorriso no canto do lábio de seu Arnoldo. "Essa até que foi boa", desdenhou na intenção de provocá-lo. "Tem mais?"

O senhor riu alto, adorava uma boa plateia. Examinou-a sob a luz do luar e disparou a contar.

"Era uma noite escura como a escuridão e o Aldemir vinha apressado de volta pra casa, queria chegar logo e sabia que o caminho pelo Lagamar era longo e solitário, mas ele era corajoso o bastante pra enfrentar a noite. Como você sabe as águas do Lagamar são vastas e dá pra ver bem longe, mesmo quando está tudo escuro qualquer coisinha diferente dá pra reparar, foi nessa que ele avistou lá longe um facho de luz que corria o rio de um lado pro outro. Ele se assustou, que diabos podia ser aquilo? Nunca viu nada parecido naquelas bandas. Mas ele resolveu encarar, afinal queria chegar logo em casa e descansar depois de percorrer tanta água. Diminuiu a velocidade e veio vindo, *toc, toc, toc* fazia o barulho do motor, e a luz foi aumentando, conforme ele se aproximava mais ela crescia e corria de um lado pro outro do rio. Ele parou de novo, fez uma reza e pediu proteção, fechou o olho e passou... Sentiu o corpo todo arrepiar, mas não parou. Lá na frente resolveu olhar pra trás e não viu nada, do jeito que apareceu sumiu, um mistério. Muita gente não acredita, acha que foi ilusão do cansaço. Eu sei lá, só sei que de noite não ando de barco, não!"

A lua já havia sumido de novo quando ouvimos Dona Cleuza chamando. Seu Arnoldo pegou o lampião, despediu-se e foi caminhando em direção à sua casa. O silêncio foi preenchendo a escuridão conforme ele se afastava, um barulho de algo saltando na água tirou-a do transe das histórias recém-ouvidas, uma pontinha de medo percorreu seu corpo e achou melhor acompanhá-lo, afinal não era hora para uma mocinha ficar sozinha por ali.

Cananeia

Aspectos Peculiares da Cidade de Cananeia[1]

Cananeia é um município brasileiro no litoral do estado de São Paulo. Pertence à Mesorregião do Litoral Sul Paulista e Microrregião de Registro e localiza-se a sudoeste da capital do estado, distante desta cerca de 265 km. Ocupa uma área de 1 242,01 km², sendo 2,3677 km² de perímetro urbano. É o município mais meridional do estado de São Paulo, e sua população em 2018 foi estimada em 12.539 habitantes, o 340º mais populoso do estado paulista. O município é formado pela sede e pelo distrito de Ariri.

A sede tem uma temperatura média anual de 19,9 °C, e na vegetação do município predomina a mata atlântica, com trechos de mangues e restingas ao longo de sua faixa litorânea. Com uma taxa de urbanização da ordem de 80%, o município contava, em 2009, com onze estabelecimentos de saúde. O seu Índice de Desenvolvimento Humano (IDH) é de 0,720, considerado alto.

Cananeia é por alguns considerada a cidade mais antiga do Brasil (5 meses antes da fundação de São Vicente), mas, por falta de documentação oficial que comprove tal fato, São Vicente é oficialmente a cidade mais antiga do Brasil. Atualmente, o Centro Histórico de Cananeia ainda preserva os estilos arquitetônicos adotados pelas primeiras casas desde

1 Adaptado de: WIKIPÉDIA – a enciclopédia livre. *Cananeia*. Disponível em: https://pt.wikipedia.org/wiki/Canan%C3%A9ia. Acesso em: 16 out. 2019.

o período colonial até o final do século XIX. As praias também atraem milhares de pessoas na alta temporada, e na Ilha do Cardoso há trilhas e cachoeiras, além de vários sítios arqueológicos. As festas, a culinária e o artesanato também são atrativos à parte da cidade, cujas principais fontes de renda são a pesca e o turismo.

História

Em 24 de janeiro de 1502, chega no local a expedição exploratória com Gaspar de Lemos e Américo Vespúcio no comando, visando reivindicar e demarcar as novas terras. Eles nomearam o local de Barra do Rio Cananor. Essa expedição trazia uma figura obscura da história brasileira, o degredado português Cosme Fernandes, conhecido como Bacharel de Cananeia, o qual se tornou uma figura poderosa na região, vindo a possuir muitos escravos e não prestando obediência à coroa portuguesa.

Anos depois, em 1531, Portugal enviou mais uma expedição, sob o comando de Martim Afonso de Sousa, que chegou à comunidade de Marataiama (antigo nome de Cananeia registrado no diário de navegação da expedição; *mara* = mar e *tayama* = terra). Esse ano é considerado o da fundação oficial da Vila. Porém, devido à falta de documentos consistentes que comprovem tal feito, fica estabelecida a controvérsia sobre qual seria a cidade mais antiga do Brasil: Cananeia ou São Vicente (esta última, também fundada por Martim Afonso, em 22 de janeiro de 1532, conforme documentação).

Em 1534, a propósito do massacre dos oitenta integrantes da entrada de Pero Lobo pelos Carijós às margens do rio Iguaçu, pouco depois de partirem de Cananeia em 1º de setembro de 1531, Pero de Góis intimou os espanhóis a entregarem o Bacharel de Cananeia e a prestarem obediência ao rei de Portugal e ao governador Martim Afonso de Sousa, em trinta dias, sob pena de morte e de confisco de bens. Moschera respondeu que não reconhecia a jurisdição da Coroa portuguesa, uma vez que se encontrava em terras de Castela, criando um impasse.

Na iminência de ataque pelos portugueses, Moschera e o Bacharel, apoiados por duzentos indígenas flecheiros, capturaram um navio corsário francês que pouco antes aportara na Cananeia em busca de provisões, apoderando-se de suas armas e munições. Em seguida, cavaram uma trincheira em frente à povoação de Iguape, guarnecendo-a com quatro das peças de artilharia do navio francês. Na sequência, dispuseram vinte espanhóis e 150 indígenas emboscados no manguezal da foz da barra do Icapara, aguardando a força portuguesa. Esta, composta por oitenta homens, ao desembarcar foi recebida sob o fogo da artilharia, sendo desbaratada. Na retirada, os sobreviventes foram surpreendidos pelas forças espanholas emboscadas na foz do rio, onde os remanescentes pereceram, sendo o seu capitão Pero de Góis gravemente ferido por um tiro de arcabuz. Essa batalha ficou conhecida como Entrincheiramento de Iguape. Vitoriosos, no dia seguinte os espanhóis embarcaram no navio francês e atacaram a vila de São Vicente, que saquearam e incendiaram, levando inclusive o Livro do Tombo, deixando-a praticamente destruída, matando dois terços dos seus habitantes. Após os ataques, ambos teriam fugido para a Ilha de Santa Catarina, tendo Moschera retornado ao rio da Prata e o Bacharel Fernandes a Cananeia. Esta ficou conhecida como a Guerra de Iguape.

No final do século XVI, com ameaças constantes de invasão, construíram uma igreja na Praça Martim Afonso de Sousa, a Igreja de São João Batista, que àquela época contava com muros largos e fortes portões e não possuía janelas, propositalmente, para servir como forte. Aquelas proximidades eram usadas por navegadores espanhóis e portugueses como ponto para reabastecimento de água e alimentos, além de reparos em suas embarcações e equipamentos. Em 1600, com a designação de *São João Batista de Cananeia*, a Vila é elevada à categoria de conselho. A localidade teve que desenvolver uma produção de meios de transportes para as tropas que se dirigiam ao Sul e reparos às caravelas. Naquele tempo, era bastante utilizado um porto natural, que fez com que a construção naval ganhasse espaço nas décadas seguintes.

No século XVII, por volta de 1770, Cananeia já contava com pouco mais de 15 estaleiros e mais de duzentas embarcações produzidas. Entre o final do século XVIII e começo do século XIX, tal atividade entrou em ligeira decadência em função do avanço de extração de madeira destinada à exportação, e dessa forma a "indústria naval" passou a servir quase somente à pesca, cuja atividade econômica também começou a ganhar força. Com o desenvolvimento financeiro da localidade, foi elevada à categoria de cidade em 1892, tendo a comarca sido criada em 20 de setembro desse ano e passando a ter a atual designação em 1905.

No decorrer do século XX, destacou-se o desenvolvimento econômico da região. A pesca continuou a ganhar força, principalmente durante as décadas de 1910 e 1920, e o turismo também tomou impulso, especialmente nas décadas finais desse século. Em 28 de agosto de 1927, é criada a Usina de Força Municipal, tendo início, no ano seguinte, o serviço de iluminação pública, projetado por Emiliano Matheus de Almeida em substituição aos postes a querosene. Na década de 1950, surgiram pequenas indústrias, como o engenho de beneficiar arroz, a fábrica de gelo, olarias, engenho de aguardente, serraria e carpintaria.

Com o crescimento populacional e a vinda de milhares de turistas durante a alta temporada houve a necessidade de melhoria na infraestrutura municipal, como em 1960, quando a cidade passou a ter conexão com a Rodovia Régis Bittencourt, e em 1982 foi inaugurada a ponte que liga a ilha de Cananeia ao continente. Hoje, muitos de seus prédios construídos entre os séculos XI e XIX viraram patrimônio histórico da cidade e muitas de suas praças e igrejas também conservam o estilo barroco da época do desbravamento da região. Cananeia tem no turismo e na pesca suas principais atividades econômicas.

Geografia

A área do município, segundo o Instituto Brasileiro de Geografia e Estatística (IBGE), é de 1 .242,01 km², dos quais 2,3677 km² constituem a zona urbana e o 112,314 km² restantes constituem a zona rural. Situa-se a 25°00’54” de latitude sul e 47°55’37” de longitude oeste e está a uma distância de 265 quilômetros a sudoeste da capital paulista, sendo a cidade mais meridional do estado. Seus municípios limítrofes são Pariquera-Açu e Ilha Comprida, a norte; Barra do Turvo, a oeste; e Guaraqueçaba, no estado do Paraná, a sul; além do Oceano Atlântico, a leste.

O território do município é formado por várias ilhas, sendo as principais: de Cananeia (sede) Cardoso, Bom Abrigo, Filhote, Cambriú, Castilho, Figueira, Casca e Pai do Mato.

Parte relevante da hidrografia da cidade é conservada no Parque Estadual da Ilha do Cardoso, e a maior parte possui mata ciliar e é cercado pela floresta tropical nativa. Os manguezais também são protegidos e frequentemente estudados, a fim de analisar e preservar a fauna e a flora locais.

Demografia

Em 2018, a população do município foi estimada pelo IBGE em 12.539 habitantes, apresentando uma densidade populacional de 9,86 habitantes por km^2. Em 2010, era o 326º mais populoso do estado, e nesse ano 6.134 habitantes eram homens e 6.092 habitantes mulheres. Ainda segundo o mesmo censo, 10.436 habitantes viviam na zona urbana e 1.790 na zona rural. A população cananiense era composta por 7.325 brancos, 519 pretos, 4.154 pardos e 228 estavam categorizados em outras raças humanas.

O Índice de Desenvolvimento Humano Municipal (IDH-M) de Cananeia é considerado alto pelo Programa das Nações Unidas para o Desenvolvimento (PNUD). Seu valor é de 0,720, o 535° maior de toda a Região Sudeste do Brasil e o 1174° maior de todo o país (entre 5.507 cidades). O município possui a maioria dos indicadores médios parecidos com os da média nacional, segundo o PNUD. O coeficiente de Gini, que mede a desigualdade social, é de 0,41, sendo 1,00 o pior número e 0,00 o melhor. No ano de 2003, a incidência da pobreza, medida pelo IBGE, era de 37,30%, o limite inferior da incidência de pobreza era de 29,46%, o superior era de 45,14% e a incidência da pobreza subjetiva era de 33,87%.

De acordo com dados do censo de 2000 realizado pelo IBGE, a população de Cananeia está composta por: Católicos (59,72%), evangélicos (20,40%), pessoas sem religião (13,50%), espíritas (1,29%) e 5,79% estão divididas entre outras religiões.

Economia

O Produto Interno Bruto (PIB) de Cananeia é um dos maiores de sua microrregião, destacando-se na área de prestação de serviços. De acordo com dados do IBGE relativos a 2008, o PIB do município era de R$ 92.182.433. Em 2009, 4.558 mil eram de impostos sobre produtos líquidos de subsídios a preços correntes. O PIB *per capita* era de R$ 7.447,88.

A agricultura é o segundo setor menos relevante da economia de Cananeia. De todo o PIB da cidade, 16,732 mil reais é o valor adicionado bruto da agropecuária. Segundo o IBGE, em 2010 o município possuía um rebanho de 1,700 bovinos, 75 equinos, 240 bubalinos, 60 muares e 140 suínos. Em 2010, a cidade produziu 54 mil litros de leite de 100 vacas. Na lavoura temporária, o único produto cuja produção foi contabilizada pelo IBGE foi a mandioca, cuja quantidade produzida naquele ano foi de 450 toneladas e a área colhida foi de 30 hectares. Também se destaca no município a pesca, para fins esportivos ou para subsistência das chamadas vilas de pescadores.

A indústria, atualmente, é o setor menos relevante para a economia do município. R$ 10.432 do PIB municipal são do valor adicionado bruto da indústria (setor secundário). As primeiras indústrias da cidade surgiram entre as décadas de 1940 e 1950, como o engenho de beneficiar arroz, a fábrica de gelo, olarias, engenho de aguardente, serraria e carpintaria. Atualmente, a produção industrial ainda é muito incipiente na cidade, mesmo que comece a dar sinais de aprimoramento.

O setor terciário é o mais relevante para a economia municipal. Em 2010, R$ 69.785 do PIB de Cananeia eram do valor adicionado bruto do setor terciário, destacando-se as áreas do turismo e do comércio. As praias de Cananeia são os principais atrativos do município, havendo, consequentemente, bastantes hotéis, pousadas e restaurantes, que na alta temporada e durante feriados prolongados hospedam e atendem a vários turistas que vêm de várias partes de São Paulo ou mesmo de outras cidades do Sul e Sudeste brasileiros, o que também favorece o desenvolvimento do movimento comercial cananiense, que tem se expandido bastante nos últimos anos. Grande parte da atividade comercial do município concentra-se nas proximidades das praias e se dedica à venda de produtos artesanais.

Cultura

A responsável pela gestão pública do setor cultural de Cananeia é o Departamento Municipal de Cultura, que tem como objetivo planejar e executar a política cultural e educacional do município por meio da elaboração de programas, projetos e atividades que visem ao desenvolvimento cultural, além de administrar o Centro Histórico. Está vinculado ao Gabinete do Prefeito, integra a administração pública indireta do município e possui autonomia administrativa e financeira, assegurada, especialmente, por dotações orçamentárias, patrimônio próprio, aplicação de suas receitas e assinatura de contratos e convênios com outras instituições.

Cananeia é um dos 15 municípios paulistas considerados estâncias balneárias pelo estado de São Paulo, por cumprirem determinados pré-requisitos definidos por Lei Estadual. Tal *status* garante a esses municípios uma verba maior por parte do Estado para a promoção do turismo regional. Também, o município adquire o direito de agregar junto a seu nome o título de *Estância Balneária*, termo pelo qual passa a ser designado tanto pelo expediente municipal oficial quanto pelas referências estaduais.

Eventos e folclore

Para estimular o desenvolvimento socioeconômico local, a prefeitura de Cananeia, junto ou não de instituições locais, passou a investir mais no segmento de festas e eventos. Anualmente se destacam: o Carnaval, cujas apresentações têm seus enredos baseados nos atrativos turísticos naturais e culturais, em fevereiro ou março; as celebrações da Semana Santa, em março ou abril; as comemorações de Corpus Christi, com procissões e enfeites em algumas ruas da cidade, em maio ou junho; a Festa de São João Batista, padroeiro da cidade, que ocorre nas proximidades do dia 24 de junho; as comemorações do aniversário de Cananeia, que, mesmo sendo comemorado em 12 de agosto, têm programação que dura várias semanas; a Festa de Nossa Senhora dos Navegantes, no dia 15 de agosto; além do Réveillon, entre os dias 31 de dezembro e 1º de janeiro, celebrando o ano novo. Durante a alta temporada das praias também são organizados frequentemente shows com vários cantores que são conhecidos regional ou mesmo nacionalmente.

No decorrer do ano ainda são organizadas apresentações de danças folclóricas, reunindo diversas danças regionais, como o Fandango. A gastronomia também se destaca, e atende desde a cozinha mais colonial até os serviços personalizados internacionais. A Festa do Mar conta com representantes de vários restaurantes locais que são especializados em pratos com frutos do mar.

Turismo

Dentre os atrativos naturais, destacam-se as praias. Segundo a Biblioteca Virtual do Governo de São Paulo, Cananeia conta com sete praias: a Praia da Comunidade Marujá, a Praia de Laje, a Praia do Fole Pequeno, a Praia da Comunidade, a Praia de Ipanema, a Praia da Comunidade Itacuruçá (Pererinha) e a Praia da Comunidade Pontal do Leste. No Parque Estadual da Ilha do Cardoso há os sítios arqueológicos, além de praias e de 22 mil hectares de mata atlântica preservada, havendo no meio desta várias cachoeiras e trilhas para caminhadas. Cananeia já foi apontada pela revista Condé Nast Traveler como melhor roteiro ecológico do mundo, sendo também tombada pela Organização das Nações Unidas para a Educação, a Ciência e a Cultura (Unesco) como Patrimônio Natural da Humanidade.

A cidade conta com vários atrativos de valor histórico e cultural, principalmente em seu Centro Histórico, tombado por resolução aprovada em 11 de dezembro de 1969. Ele engloba a Praça Martim Afonso de Souza, a Avenida Beira Mar e várias ruas, como a Dom João III e Pêro Lopes. A arquitetura urbana que predomina no Centro foi a que predominou desde o período colonial até o final do século XIX, mostrando-se com casas construídas sobre o alinhamento das vias públicas e as paredes laterais sobre os limites do terreno. No Museu Municipal, está em exposição o segundo maior tubarão do mundo, encontrado em águas pertencentes ao litoral de Cananeia e hoje encontra-se taxidermado.

Esporte

Nas praias se destaca a prática de esportes aquáticos, como surf, triatlon e natação. Durante o ano são organizados diversos campeonatos esportivos com foco nessas modalidades esportivas, especialmente durante a alta temporada do litoral, destacando-se o Campeonato de Surf, que faz parte de uma das etapas do campeonato sul-brasileiro. Além destes, também há realizações de campeonatos de basquetebol, voleibol e peteca. O Departamento Municipal de Esporte é o órgão que planeja o setor desportivo da cidade, tendo sede no Ginásio de Esportes Mario Covas.

O futebol da cidade ainda é considerado amador, em comparação a muitas cidades brasileiras. A Prefeitura Municipal de Matinhos, ao lado da Secretaria Municipal de Esporte, Educação e Cultura, realiza anualmente o Campeonato Municipal de Futebol de Campo, dando oportunidade aos times e jogadores do município de mostrarem seu trabalho e suas técnicas. Este é um dos principais eventos desportivos do município, um dos mais populares e que atrai público razoável.

REFERÊNCIA

WIKIPÉDIA – a enciclopédia livre. *Cananeia*. Disponível em: https://pt.wikipedia.org/wiki/Canan%C3%A9ia. Acesso em: 16 out. 2019.

Antonio Severino dos Santos

Parque Estadual da Ilha do Cardoso Cananeia – PEIC

Cananeia, primeiro povoado do Brasil, foi fundada oficialmente em 12 de agosto de 1531 por Martim Afonso de Sousa. Cidade acolhedora, com cerca de 12.600 habitantes, localiza-se no extremo-sul do litoral paulista. O município ocupa o continente e ilhas, sendo a maior delas, o Cardoso, transformada em parque: o PEIC – Parque Estadual da Ilha do Cardoso, em 3 de julho de 1962, decorrente do Decreto n. 40.319 do governo do estado de São Paulo, depois de obstinado empenho do professor Paulo Duarte, da Universidade de São Paulo, que visava, além de outros objetivos, realizar pesquisas e conter o ímpeto imobiliário, especialmente no local denominado Marujá, em face das belezas naturais lá existentes. Pensava ele, provavelmente, preservar o meio ambiente (área de proteção integral), além de pretender realizar pesquisas. Adiantara-se 26 anos à Constituição Federal vigente (art. 225) e 38 anos à Lei Federal n. 9.985/2000, que criou o SNUC – Sistema Nacional de Unidades de Conservação da Natureza, cujo objetivo, dentre outros, visa "promover o desenvolvimento sustentável a partir dos recursos naturais; proteger os recursos naturais necessários à subsistência de populações tradicionais, respeitando e valorizando seu conhecimento e sua cultura e promovendo-as social e economicamente". Integra o Complexo Estuarino-lagunar de Iguape, Cananeia e Paranaguá.

Atualmente, o município recebe estudantes e pesquisadores que realizam estudos sobre os mais diversos temas.

As famílias que residiram na região até 1962, e que, paulatinamente, começaram a ser retiradas, abasteciam a cidade de Cananeia com produtos agrícolas lá cultivados. Poucas famílias foram indenizadas, não obstante a desapropriação de suas terras pelo estado.

O PEIC ficou relegado por cerca de 23 anos, quando suas atividades foram retomadas e o estado até procurou limitar – e hoje limita – o acesso e moradia de pessoas nas suas comunidades, apesar de não ter conseguido impedir que o governo federal instalasse famílias indígenas no parque, na região outrora denominada Santa Cruz, na costa oeste da Ilha do Cardoso, a cerca de 500 metros da praia, no início da década de 1990. Permanecem lá, mas migraram para as proximidades da praia.

Decorridos mais de 56 anos, ainda há moradores, o que faz com que o parque seja "híbrido" porque é unidade de conservação integral, mas é também de uso sustentável, diante da habitabilidade mencionada.

É certo que a defesa e a preservação do meio ambiente devem ser partilhadas entre o Poder Público e a coletividade, de forma a garantir à sociedade atual e às gerações futuras um meio ambiente ecologicamente equilibrado, além de ser destinado aos fins científicos, culturais, educativos e recreativos, entretanto, no caso em tela, o Poder Público não cumpriu a sua parte, pois nem todas as desapropriações foram indenizadas.

Na atualidade as comunidades do PEIC vivem do turismo e da pesca, principalmente, sendo a maior delas a comunidade do Marujá. As localidades são dotadas de belezas naturais e belas praias, onde o visitante poderá desfrutar de momentos agradáveis.

Em conclusão, acreditamos que os objetivos do visionário professor Paulo Duarte não foram atingidos na sua totalidade, haja vista a impossibilidade da desocupação total do parque, mas foi louvável a ação do professor, homem de grande saber e dedicação à Ciência, segundo a Wikipédia (2-4-2016 – 00h4min), em face ao descumprimento de algumas obrigações por parte do estado.

Maria Rita Basso

O patrimônio e a escola

É importante analisar o reconhecimento e a valorização do patrimônio cultural pelas crianças e jovens, e o papel da escola nesse processo.

Quando falamos do município de Cananeia, ou Iguape, ou qualquer outro que possui tantos bens patrimoniais materiais e imateriais, percebemos o papel da escola no processo de valorização e apropriação desses temas.

Cananeia é uma cidade histórica e que culturalmente é muito rica, com comunidades tradicionais como as caiçaras, comunidades quilombolas e indígenas, história, cultura e meio ambiente que se integram, revelando a nossa identidade.

E o tema patrimônio cultural é muito rico e amplo, pois possibilita condições de aprendizagem significativas, despertando nos educandos a curiosidade em conhecer a história, entender o espaço em que vivem; as manifestações culturais, enfim o modo de vida da sociedade em que estão inseridos. Outra questão importante é a preservação desse patrimônio e sua valorização.

A escola possibilita, por meio de um processo de aprendizagem interdisciplinar e transversal, o reconhecimento do patrimônio e a reflexão do seu contexto na história de formação da cidade, dos seus valores culturais.

O ideal é que se inicie nos primeiros anos escolares, na própria Educação Infantil, e se propague pelos anos seguintes, ampliando e aprofundando os temas.

Na busca de saber um pouco mais sobre o que está se trabalhando nas escolas do município, eu tive a grata surpresa em saber que existe um projeto da Educação Infantil sobre Educação Patrimonial. Trata-se de um projeto dinâmico que possui, entre vários objetivos, a "necessidade" de os pequenos educandos "conhecerem e valorizarem os saberes tradicionais do município" e "desenvolver noções de espaço e tempo, tendo contato com diferentes ambientes de sua cidade, inclusive valorizando o modo de vida caiçara e sua relação com o meio ambiente". É sabido que a sobrevivência de uma cultura, especialmente das comunidades tradicionais, depende também da preservação do meio ambiente, na qual esta comunidade está inserida, e a criança, aprendendo a entender essa relação, crescerá consciente da importância da valorização da preservação desse espaço.

Nos anos seguintes do Ensino Fundamental I, os docentes também desenvolvem atividades sobre Educação Patrimonial, focando mais no mês do aniversário de fundação do município, em agosto. Os alunos percorrem o Centro Histórico de Cananeia, cujo conjunto arquitetônico é tombado pelo Condephaat desde 1969; procuram entender e conhecer a arquitetura e seu modo de construção; visitam o Museu Municipal Victor Sadowski; desenvolvem atividades de pesquisa e artísticas.

Já no Ensino Fundamental II e Médio, os temas sobre patrimônio são tratados de forma mais pontual, dentro do contexto curricular.

Considero muito importante a capacitação dos professores para que estejam atualizados com as políticas públicas relacionadas ao patrimônio cultural.

A escola, naturalmente, é multiplicadora de conhecimentos e da formação social, que gera a reflexão sobre os problemas da sociedade. Para tanto é necessário criar espaços de discussão entre os educandos sobre as observações e impressões que ficam após as pesquisas, visitas e ações sobre patrimônio propostas pelos professores. Uma questão interessante é o olhar da criança ou jovem sobre o conjunto arquitetônico tombado, da sua relação com esse patrimônio, das questões de preservação, os problemas da pichação ou depredação, por exemplo, quando tratamos do patrimônio material. E quanto ao patrimônio imaterial, valorizar o modo de vida das comunidades tradicionais, das manifestações culturais da população.

Outro fator que deve ser considerado é o currículo, em que oficialmente possa ser inserido o conteúdo Patrimônio Cultural em todas as etapas do ensino, aproximando os educandos de sua realidade, que possa levá-los a valorizar sua identidade e garantir a memória coletiva.

Diante dessas considerações, afirmamos a necessidade de aproximar a escola cada vez mais com os valores da sociedade em que está inserida, para que de fato possa fortalecer os laços identitários dos seus educandos.

"1. **Tombamento de Cananeia pelo Condephaat**: Número do Processo: 09170/69 – Resolução de Tombamento: Resolução de 11/12/1969 – Publicação do Diário Oficial: Poder Executivo, Seção I, 12/12/1969, pg 36 Livro do Tombo Histórico: inscrição nº 5, p. 2, 27/4/1971.

2. (...) Do núcleo inicial conservam-se apenas o traçado das ruas e os becos. As construções remanescentes, modestas casas que possuem fachadas de pedra entaipada, com argamassa de areia e cal, de aspecto singelo, datam do final do século XVIII e início do 19. A Igreja de São João Batista, construída pelos jesuítas no século XVI, encontra-se em um plano elevado, onde hoje é a Praça Martim Afonso. Diário Oficial – Poder Executivo, Seção I, 12/12/1969, pg 36.

3. Museu Municipal Histórico e Artístico Víctor Sadowski, prédio inserido no conjunto arquitetônico tombado, em Cananeia, projeto de restauro da arquiteta Lina Bo Bardi."

Roberto J. Pugliese

Dedicado carinhosamente para a pequena Rafaela, minha doce e querida netinha.

Modesta homenagem aos corajosos paulistas que assim nasceram e, como disseram, assim também queriam morrer. E abandonaram Ararapira e criaram o Ariri.

Pela memória dos inesquecíveis professores Eduardo Boechar Ramos; Dr. Paulo Canton; engenheiro Pedro de Camillo Neto e padre João XXX, que na simplicidade de suas vidas sensíveis à peculiaridade única do Lagamar tornaram-se paradigmas do amor ao povo caiçara e valentes defensores do complexo ambiental do arquipélago, influenciando sobremaneira o comportamento do autor.

O distrito do Ariri (uma epopeia)

I – A paisagem

O Lagamar é uma região localizada a partir da serra da Jureia e segue pela orla até as imediações da baía de Paranaguá, com um amontoado de acidentes geográficos que provoca aos olhares dos espectadores um quadro pitoresco, distinto e peculiar. A cobertura Atlântica, com a densa floresta primária, nas incontáveis ilhas e costa continental provoca deslumbre encantador, constituindo patrimônio especial da natureza, a ponto de ser declarado pela Unesco patrimônio natural da humanidade todo entorno marítimo e terrestre. Reserva da biosfera em razão de tantos atributos.

São ilhas, promontórios, cabos, penínsulas, barrancos, rios, serras, lagoas, charcos, istmos com incontáveis manguezais, praias, altiplanos, cercados por canais salobros, que serpenteiam sem pressa pela costa, atravessando restingas na qual habitam quantidade inestimável de peixes, mamíferos e pássaros, cujo *habitat* para alguns é único, enquanto para outros é ponto de reprodução ou passagem para terras mais longínquas.

São os jacarés de papo amarelo e o boto cinza que se destacam em tão rica fauna, competindo com os papagaios da cara roxa e garças multicoloridas, que são encontradas apenas por lá. Frutos do mar dos criatórios naturais, pela excelência de suas qualidades e sabor próprio inigualável, são conhecidos mundialmente, sendo as ostras notabilizadas por serem iguarias únicas no gênero.

Nesse cenário ímpar é que surgiu um aglomerado que ao longo do tempo foi se urbanizando em torno da Capela Católica, elevada a freguesia por volta de 1769. São José de Ararapira foi erguida no platô à margem direita do rio Ararapira, abrigando incontáveis famílias de lavradores que, aproveitando as terras alagadiças do istmo, plantavam principalmente arroz destinado a exportação para centros maiores, especialmente São Paulo, Santos e Rio de Janeiro, através de

Iguape, então movimentado porto frequentado por linhas regulares de navegação.

O desenvolvimento econômico foi tal que em agosto de 1907 Ararapira foi elevada a distrito da comarca de São João Batista de Cananeia, conforme decreto do então presidente do estado de São Paulo, Dr. Jorge Tibiriçá.

Num istmo que se projeta às margens do rio Ararapira em direção à Ilha do Cardoso, antes da ocupação pelos paulistas, a área sempre servira de divisa natural entre os arqui-inimigos Carijós, do sul, e Tupis, do norte. Os povos originários da região tinham como fronteira um determinado ponto da Praia Deserta que entendiam tratar-se dos limites de suas nações e se respeitavam.

Essa divisão adotada pelos indígenas, adversários históricos, serviu posteriormente para definir os limites dos territórios entre os municípios de Paranaguá e Cananeia, então pertencentes à mesma província de São Paulo. Na orla oceânica, foi adotado como sendo a divisa dos municípios o mesmo ponto na Praia Deserta, então no passado adotado pelos indígenas.

Um ponto importante separava naturalmente os povos situados ao norte daqueles situados ao sul. No início indígenas e posteriormente os habitantes de Cananeia com os de Paranaguá sentiam as dificuldades extremas para atravessarem a barra e seguirem para o sul, ou então vindos do sul adentrarem no canal de Ararapira, formado pela Ilha do Cardoso, o istmo e a península onde a povoação se instalara.

Para melhor entendimento e orientação geográfica do lugar, interessante atentar-se para o istmo que, ao projetar-se para o oceano, alarga-se de tal maneira, formando quase uma ilha, espremida pelo Mar de Ararapira, um canal formado entre esse sítio e a restinga da Ilha do Cardoso, consistente em faixa arenosa que da serra do Cardoso segue ao sul por mais de 20 km, onde está situada a barra do Rio Ararapira entre a ilha e a quase ilha que mais larga segue em direção ao sul, sendo daí em diante sua costa leste banhada diretamente pelo Oceano Atlântico.

O istmo, com aproximadamente 8 km de largura, quanto mais avança para o oeste mais se alarga, projetando-se para o sul, até o mar de Superaguy, distante mais de 40 km da foz do Rio Ararapira. Nessa quase ilha, a costa oeste, a partir do istmo, segue em direção ao Mar de Superaguy por mais de 30 km, acompanhando o leito irregular do Rio Segredo, cujas nascentes vertem para o sul, distanciando-se do Ararapira, que, partindo do mesmo divisor, segue para o norte e igualmente irregular deságua no Mar de Ararapira, como é conhecido o canal existente entre a Ilha do Cardoso e a quase ilha.

Nesse palco natural, onde são raros os habitantes, e ao completo abandono desde épocas em que os indígenas tinham como divisa natural de suas nações, surgem plantações que mantinham a Vila de Ararapira. E as dificuldades para comunicarem-se com as vilas do sul existentes fizeram com que seus habitantes se aproximassem a Cananeia.

II – A província do Paraná

A Vila de Nossa Senhora do Rosário de Paranaguá teve sua origem em 1648, sendo certo que em 1654 foi estabelecida a extrema com São João Batista Cananeia, situada ao norte. Foi deliberado que os históricos municípios da província de São Paulo teriam seus territórios limitados num determinado ponto, já tradicional e histórico, situado no meio da praia, que fica entre as barras de Superaguy e Ararapira. Da Praia Deserta, como é designada, uma linha imaginária segue em direção às cabeceiras dos rios Ararapira e Segredo, na região do Varadouro.

Alguns anos após, em 1721, por meio de provimento de Raphael Pardinho, o Ouvidor editou a nova divisão do Termo de Paranaguá, com as vilas limítrofes, sendo que com Cananeia apenas confirmou que na costa do *mar grosso*, o termo seria no meio da praia existente entre as barras de Superaguy e Ararapira. Como assinalado, por ser um lugar quase inabitado, as Câmaras Municipais acordaram tranquilamente manterem a mesma linha divisória.

Interessante que foi estabelecido pelo então governador Rodrigo Cesar de Menezes, da província de São Paulo, logo em 1725, que a partir de então todas as vilas que se estabelecessem para o sul, até o Rio da Prata, ficariam pertencendo a Paranaguá, a partir da última baliza que divide as terras de Cananeia, confirmando o meio da Praia Deserta como o marco divisório entre esses dois históricos municípios.

Ararapira, então povoado de agricultores, permanecia integrando o município de Cananeia, com quem mantinha vínculos fortes, dada a facilidade de comunicação entre a cidade e a povoação existente junto à margem direita do rio Ararapira.

Àquele tempo, em razão das dificuldades de comunicação, praticamente Paranaguá e Cananeia não mantinham laços comerciais, e com o passar dos anos, já no Império, a Vila de Guaraqueçaba mantinha relações comerciais e culturais praticamente com Paranaguá e os povoados que estavam se estabelecendo ao sul, próximos à baía de Laranjeiras e Pinheiros, praticamente isolando-se de Cananeia, por obstáculos naturais.

A província de São Paulo ao tempo do II Império tinha em seu território as comarcas de Taubaté, São Paulo, Itu, Jundiaí, e Curitiba, todas organizadas em diversas freguesias e distritos de paz.

Por intermédio da Lei n. 704, de 29 de agosto de 1853, sancionada por S. Alteza D. Pedro II, foi criada a província do Paraná, cujo território abrangendo a 5ª comarca de Curitiba desmembrou-se de São Paulo.

Um ano antes, por meio de lei fora criada a 5ª comarca de Curitiba, estabelecendo-se que seu território seria formado pelos municípios de Castro, Antonina, Príncipe, Guaratuba, Morretes e Paranaguá, cujos limites eram os mesmos estabelecidos para criações dessas unidades políticas.

Vale dizer, portanto, que a província do Paraná foi criada tendo seu território os limites adotados anteriormente para extremar a comarca de Curitiba do remanescente do território provincial, especialmente a 3ª comarca de Itu, com quem fazia limites.

Desse modo, estabelecido legalmente, não restaram dúvidas de que toda a área dos municípios do sul da província que integravam a 5ª comarca passou ao Paraná, sem qualquer alteração geográfica outra que viesse a influenciar nos rumos das divisas entre as referidas províncias, prevalecendo os mesmos que definiam os municípios e consequentemente a 5ª comarca elevada a província imperial.

O povoado perdido no litoral de Cananeia, junto à Ilha do Cardoso, permaneceu ao território da província de São

Paulo, já que as extremas entre Paranaguá e Cananeia permaneceram as mesmas tradicionais respeitadas desde os povos originários. A partir do meio da Praia Deserta, que da barra do Ararapira segue até a barra do Superaguy, tinha início a linha divisória dos municípios, que assim serviu para dividir a comarca de Curitiba e então, com a elevação desta a província, se tornou o marco divisório entre a nova província e aquela da qual fora desmembrada.

Ararapira permaneceu paulista, integrando por alguns anos na condição de distrito de Cananeia, criado através da Lei n. 1.073 de 21 de agosto de 1907.

III – A crise

A província do Paraná, uma vez criada aos poucos, foi se emancipando de São Paulo, processo natural e adaptação institucional e cultural, em harmonia com autoridades e a população do território desmembrado. Com o passar do tempo, alguns trechos de seus limites foram contestados, notadamente aqueles expostos por marcos artificiais, que não levaram em conta os acidentes naturais.

O morro de Itapirapuã provocou grande celeuma. Também causaram trauma entre os vizinhos as disposições fronteiriças tendo como referência as bacias dos rios Ribeira, Assungui e Itararé em relação aos rios Paranapanema e Claro. As divergências entre as populações dessas localidades fez com que as altas autoridades das províncias de São Paulo e Paraná entrassem em entendimento para se comporem.

Para dirimir a complexa questão, entenderam nomear duas comissões para estudar as divisas desde o oceano até a foz do Rio Paranapanema. Muitas reuniões, discussões e incontáveis argumentos levaram às partes definir que acatariam o que fosse pacífico e levariam para o arbitramento os pontos onde houvesse a divergência.

Autorizados por lei, os estados do Paraná e São Paulo convencionaram fazer um acordo para ratificar e retificar as divisas e fixar definitivamente a fronteira, sendo nomeados Dr. Lindolpho Pessoa da Cruz Marques e Dr. João Moreira Garcez pelo Paraná e, por São Paulo, Dr.Washington Luis Pereira de Souza e Dr. Adolpho Augusto Pinto.

Caberia à comissão emitir os respectivos laudos para dirimir a pendenga que envolvia alguns milhares de quilômetros quadrados nas imediações desses acidentes geográficos: serra, rios e respectivas bacias envolvendo as divisas originais da 5ª comarca de Curitiba e o traçado da paróquia de Curitiba definido pelo I Bispo Diocesano de São Paulo séculos antes.

Os laudos divergentes foram apresentados em 7 de setembro de 1919, motivando a eleição do árbitro para apaziguar as partes. Porém, sem traumas e naturalmente aceitos, os demais trechos estabelecidos como fronteiras entre as províncias desmembradas não provocaram qualquer reação dos habitantes e dos seus mandatários. Inclusive a linha imaginária que do meio da Praia Deserta seguia do Mar Grosso em direção às nascentes dos rios Segredo e Ararapira na região do Varadouro, extremando politicamente o que a história e a tradição já assim haviam decidido.

O presidente da República Epitácio Pessoa, designado árbitro, analisou ambos os laudos e entendeu optar por fronteira que se estribasse quanto possível em marcos naturais e perenes, evitando linhas abstratas e imaginárias. Valendo-se da estratégia adotada, a linha seca, que do meio da Praia Deserta, histórica e tradicional avançava para o divisor de águas no interior da serra, em 15 de junho de 1920, foram homologados os novos limites entre São José de Ararapira, distrito de São João Batista de Cananeia, e o território paranaense. São Paulo, com essa nova delimitação, perdeu milhares de quilômetros quadrados.

A população não gostou. Reclamou, esbravejou, movimentou-se contrária à nova situação e decidiu evadir-se da vila. Foi um trauma político e institucional que dos confins paulistas chegou às capitais dos estados, provocando constrangimentos.

Justificavam os ararapiranos que a vila, tão bem assistida pela administração municipal e do estado de São Paulo, ficaria isolada, pois a dificuldade de locomoção da ponta norte do istmo, onde se encontra, para os lados sul de Guaraqueçaba, Antonina, Superagui e demais povoações paranaenses tornava quase impeditiva a comunicação e o comércio. Previam que o Paraná não teria como dar a assistência necessária. Pagariam impostos para manter relações com os paulistas, e a linha de navegação da Cia. Fluvial Sul Paulista, subsidiada pelo governo de São Paulo, ligando a vila a Cananeia e Iguape, perderia sentido e seria extinta. Previam o isolamento e a decadência.

Em menos de um mês a população decidira partir e pleiteou à Câmara Municipal ajuda para que em território paulista fosse erguida nova povoação. Pressionados, vereadores e prefeito de Cananeia rumaram a São Paulo a fim de pedirem ajuda do estado.

IV – A fundação do Ariri

O Congresso do estado de São Paulo, sensibilizado pela situação daqueles paulistas revoltados, em outubro de 1920, de imediato apresenta projeto de lei criando o distrito do Ariri.

Em novembro, aproveitando a demora decorrente da burocracia legislativa, a Câmara Municipal de Cananeia estabeleceu comissão, constituída por membros dos Poderes Municipais, bem como gente do povo do lugar e até o oficial do registro civil da sede da comarca, que se dirigiu às imediações de Ararapira para definir o ponto no qual seria oferecido ao estado para que implantasse a sede do novo distrito.

A comissão diligenciou às imediações para escolha do melhor lugar e adequar aos interesses dos habitantes de Ararapira, para acelerar o processo de transferência. Não perderam tempo. Vistoriaram diversos pontos à margem esquerda do Rio Ararapira, e decidiu-se por um sítio quase plano, alto, de fácil acesso, adequado à construção do futuro porto necessário para atracação dos vapores e seco o suficiente para que fosse saudável aos seus futuros habitantes, próximo ao Morro das Pedras, algumas curvas adiante, às margens do Rio Ararapira. Um platô, não muito alto às margens do Rio Araçaúba, adequado para abastecer a povoação projetada e às margens do canal navegável ideal para comunicação com a sede municipal. Não muito longe do Varadouro, um território ermo, ao pé da Serra, entre os leitos do Ararapira e Segredo, através do qual se valiam os que por terra iam do norte para o sul e vice-versa.

Enquanto isso, na capital, o projeto foi emendado e aprovado, nos termos da primeira Constituição da República, e seu texto remetido para o Senado Paulista, que sem muita discussão aprovou e de plano remeteu ao presidente do estado, que promulgou, em 27 de dezembro de 1920, a Lei n. 1.727, dispondo em apenas três artigos que o distrito de paz do Ararapira passara a denominar-se Ariri, com sede no povoado do mesmo nome, sendo autorizado o Poder Executivo construir na sede um posto policial e um colégio.

No papel o novo distrito paulista surgira, e de modo sutil, com a sua implantação, o presidente do estado teve a perspicácia de projetar a construção de uma cadeia, de forma a manter guarnição da Força Pública para, disfarçadamente, ter um posto avançado militar para a defesa da nova fronteira. Também deveria construir um colégio, permitindo que servidores paulistas pudessem instruir a juventude local e conviver com seus habitantes, impondo-se culturalmente como território paulista, de forma a dificultar novas alterações cartográficas e tornar a posse política paulista exteriorizada. E sendo um distrito, o oficial que viesse a ser nomeado seria um auxiliar da Justiça do estado de São Paulo, exercendo as funções de tabelião distrital cumulativamente, de forma a certificar nascimentos, óbitos e casamentos, bem como negócios jurídicos, com o sinal público e a fé de autoridade paulista.

São Paulo, com o distrito, consolidaria definitivamente a posse do território limítrofe com o Paraná. Bastava pôr em prática.

Apesar das limitações próprias daqueles confins isolados, da tecnologia incipiente e adversidades decorrentes da empreitada, a população empolgada não via dificuldade para que Ariri se concretizasse.

Com a criação oficial do distrito, o próprio presidente do estado, entusiasmado, dirigiu-se a Cananeia acompanhado de comitiva de ilustrados personagens. Foi para solenemente dar por instalado o distrito. De trem partiu da capital em direção ao litoral. Em Santos a comitiva se ampliou com a presença de outros integrantes, e em Conceição de Itanhaém as autoridades cumpriram agenda com diversos compromissos oficiais, pernoitando por lá.

Na manhã seguinte, seguiram viagem até Santo Antonio de Juquiá, final da linha férrea, um pequeno distrito afastado da sede municipal, distante de tudo, às margens do Rio São Lourenço.

De vapor navegaram até o Rio Ribeira, passando pela Colônia Japonesa de Registro, atracando em Nossa Senhora das Neves de Iguape quase à noite, onde permaneceram por mais um dia. No alvorecer seguinte, pelo Mar Pequeno, no mesmo vapor a comitiva oficial seguiu viagem.

O entusiasmo era evidente. Logo ao meio-dia, no Porto Bacharel, o presidente do estado de São Paulo e os ilustres membros que o acompanhavam foram recepcionados pelas autoridades cananeienses e populares.

Na manhã seguinte, prosseguiram seu caminho logo cedo. Quando a lua deu lugar ao brilho radiante do astro rei, já navegavam atravessando a baía de Trapandé, contornando a Ilha do Cardoso em direção ao canal de Ararapira, entusiasmados rumo ao distrito.

Logo o vapor desviou seu rumo, adentrando na barra do Rio Ararapira e atracando no pequeno porto paranaense, onde paulistas ansiosos aguardavam pela chegada...

Por volta das 8 horas daquela manhã, o querido presidente e sua comitiva foram garbosamente saudados pelos paulistas, que entraram na embarcação para cumprimentar a todos.

A emoção era forte, já que se tratava de fato único no País. População indignada com as novas fronteiras, não media forças para permanecer viva dentro da terra paulista na qual nascera. São Paulo não podia deixar de ouvir o brado de seus filhos, que desejavam viver à sombra da sua ereta bandeira.

Em poucos minutos o vapor jogou ferros ao largo da futura sede do distrito, e ainda no meio do canal o presidente nomeou o festejado poeta santista, Vicente de Carvalho, para que lavrasse a ata, e encerrada, após a sua leitura e assinaturas colhidas, com vivas e champanhe estourada, o barco atracou no cais improvisado.

Washignton Luis Pereira de Souza, o querido presidente paulista e sua comitiva percorreram o sítio, e nos locais onde seriam erguidos os prédios públicos do estado de São Paulo, lançou a cal sobre as pedras enterradas num símbolo augusto e memorável.

A *Folha da Noite*, jornal paulistano, noticiou que o presidente de São Paulo fora o único, até então, que se preocupou com a modesta e envelhecida Cananeia, dado o esforço de deslocar-se de trem e navio da capital para o extremo sul paulista.

V – A instalação do distrito

Já no início de 1921, a Câmara Municipal de São João Baptista de Cananeia lavrou as escrituras de compra das áreas onde se assentaria o futuro distrito. Quatro fazendas foram adquiridas, inclusive o Sítio Morro das Pedras, sobre o qual seriam edificados os prédios públicos projetados.

Em maio, diretores da empresa de navegação davam ordens para construção do trapiche no qual seus vapores atracariam. Deixariam de parar em Ararapira.

O empreendimento planejado ia de vento em popa, tendo causado às autoridades do Paraná não apenas preocupação com o destino do distrito que assumiram, mas principalmente com as consequências dessa povoação que surgia forte, com o empenho das autoridades paulistas e solidariedade ímpar de toda a população local insatisfeita com o desenho das novas fronteiras.

Desde a visita do presidente paulista a imprensa do Paraná tinha sido irônica, revelando-se bastante atenta e preocupada com os acontecimentos. Em São Paulo e Curitiba os ânimos estavam sempre exaltados.

Se Ararapira tratava-se de um posto avançado que sobrara ao Paraná, a vocação do Ariri, edificando-se à frente daquela sentinela, tornava-se a espia vanguarda do sul paulista, nos dizeres dos articulistas do *Correio de Cananeia*, que repetia constantemente a vocação da nova trincheira sul que São Paulo erguera.

Inconformados os paulistas com a forma arbitrária com que se estabeleceram as fronteiras, ignorando documentos e fatos históricos, não foram poucos os discursos nas tribunas das Câmaras da região e no Congresso Legislativo do estado de São Paulo. Ora protestando, ora exigindo respeito, ora isso ou aquilo, vereadores, deputados e senadores se repetiam, levantando o brado da insatisfação.

O sentimento de injustiça era perceptível pelas manifestações populares e oficiais. Acontecera amputação brutal de parcela importante do território ocupado historicamente pelos paulistas de Cananeia. O arbítrio é que doía e revoltava. Lembravam e repetiam que fora a partir de Cananeia que os bravos bandeirantes deram à Coroa portuguesa quase todo o território do Brasil, motivo pelo qual não se lamentava a concessão feita ao Paraná, seu filho emancipado. No entanto, o traçado artificial imposto, rompendo laços culturais e econômicos enraizados na Vila de Ararapira, eram inaceitáveis.

No início de 1922, já funcionava a navegação fluvial: partindo do porto do Ariri, seguia para Cananeia, Iguape, terminando em Juquiá por meio do vapor *João Martins,* cujo trajeto era percorrido todas as semanas.

Os barracões necessários e uma olaria já funcionavam para confeccionar os materiais necessários às obras públicas e particulares. E os futuros habitantes, mesmo morando em Ararapira, já haviam transferido suas lavouras e trabalhavam a ponto de no final de dezembro estar exportando arroz em casca para Iguape.

O sítio estava praticamente todo plano, e o serviço de canalização provisória do abastecimento d'água a partir do Rio Araçaúba em andamento se espalhava pelas vias projetadas desde o canal para o interior. Em 1924, a Igreja Católica começou a ser erguida.

Não mediram esforços para erguer a pequena cidade idealizada, a despeito das dificuldades técnicas, da distância e isolamento. A mão de obra especializada era difícil, pois com a decadência de Ararapira naquele fundão ao pé da Serra Negra, nos confins do Lagamar, distante da sede municipal e sem vias de comunicação terrestre para qualquer lugar, encontrar quem quisesse ir para lá trabalhar justificava o alto preço e as raras ofertas.

VI – Ararapira: decadência e fim

Rapidamente a vila começou a tomar aspectos projetados. Se a sua criação se dera pela lei, apresentando-se como unidade administrativa oficialmente, a realidade fática foi se dando com as obras que abriam caminhos, construíam pontes, erguiam os prédios particulares e públicos. Casas começaram a ser erguidas e algumas, habitadas. Em pouco tempo armazéns já funcionavam. O cais era a porta de entrada e saída regular, através dos vapores vindos do litoral paulista. Raramente ancorava por lá algum barco vindo do sul, já que a dificuldade e o perigo para enfrentar o mar aberto desestimulava a viagem.

Solenemente ao som da banda Carlos Gomes, que chegara da sede municipal à véspera, no alvorecer de 24 de abril de 1925, precedido a fogos, o padre Isidoro Hermeto, vigário da paróquia de São João Batista, iniciou a celebração da Santa Missa no campanário existente no centro do distrito, prestigiado por diversas autoridades e populares daqueles sítios isolados.

A seguir, o Dr. Francisco Viotti, secretário de estado da agricultura, representando o presidente Carlos de Campos, com inflamado discurso patriótico, após hastear a bandeira paulista e a de Cananeia, declarou inaugurado e entregou à população a Cadeia Pública ao chefe da guarnição da Força Pública e a Escola Reunida ao seu diretor, que também discursou.

A estrutura urbana fez incentivar ainda mais o fluxo de migrantes, que vindos de Ararapira, visivelmente estagnada e de vilarejos menores, isolados de Paranaguá, buscavam a nova vila paulista para viverem.

Ainda naquele ano, foram eleitos o juiz de paz e seus dois suplentes, nomeados o subdelegado e seus suplentes, e o escrivão de paz prestou compromisso perante o juiz de direito da comarca de Cananeia, transformando o Sítio Morro das Pedras em verdadeiramente distrito municipal.

Do outro lado do rio, a poucos metros à jusante, Ararapira definhava engolida pelo descaso das autoridades do Paraná. O movimentado porto de outrora agora abrigava raras canoas, e os vapores vindos de Cananeia passavam direto, obrigando a população a embarcar pelo cais do Ariri.

Quando em 1932 eclodiu a Revolução Constitucionalista, o destacamento da Força Pública no Ariri, valendo-se do local estratégico e do isolamento de Ararapira, invadiu e expulsou seus poucos habitantes. Um ato militar isolado de assalto e conquista.

O isolamento era tal que o governo do Paraná pediu fosse autorizada a abertura de um canal, atravessando o istmo Varadouro, unindo as bacias do sul e do norte, de forma a integrar comercialmente a vila que sucumbia.

Em 1942, Vargas concedeu e, em 1952, com pompa e festejos, foi inaugurada a ligação entre os lagamares, implantando-se uma linha unindo pelo mar Iguape a Paranaguá, com paradas obrigatórias em Subaúma, Pedrinhas, Cananeia, Ararapira, Ariri, Guaraqueçaba e, quando necessário, em povoados isolados em ambos os estados. Foram abertos 8 Km de canal, facilitando a comunicação.

A economia decadente de Ararapira reagiu, mas de modo insuficiente para impedir o êxodo de seus habitantes. No final do século XX, a vila sucumbiu de vez, não restando mais nenhum morador na sede do distrito. As construções foram abandonadas e na maioria caindo aos pedaços, mal se sustentando e impedindo de serem ocupadas. Só resta a Capela de São José. Como previsto, Ararapira desapareceu de fato e de direito. É conhecida na região como a *Cidade Fantasma*.

O Ariri, por sua vez, tornou-se polo turístico frequentado por elite exclusivista e de gosto apurado que mantém lanchas de recreação em marinas espalhadas por sua orla. Dispõe de restaurantes e pousadas, simples, rústicas, adequadas ao ecossistema. São inúmeros os pescadores amadores que têm casas por lá e turistas mantêm casas de veraneio. Dotada de rede de energia elétrica desde 1960, a Estrada do Sul unindo por terra a sede municipal foi inaugurada no final daquela década pelo governador Laudo Natal, que também dotou o distrito de posto telefônico.

Fruto da insatisfação popular, o Ariri é símbolo único da persistência daqueles que, irresignados, sem receio, enfrentaram a truculência do arbitramento equivocado e dispuseram-se a recomeçar a vida, empreendendo seus negócios a partir do nada para poder morrer na mesma condição que nasceram: paulistas.

Bibliografia

ANTONIO PAULINO DE ALMEIDA. *Ariry, histórico de sua fundação*. Instituto Histórico e Geográfico de São Paulo, 1928.

______. *Memória histórica sobre Cananeia – III*, Universidade de São Paulo, 1981.

BENEDICTO CALIXTO DE JESUS. A Villa de Itanhaém, 1895. *Revista do Instituto Histórico e Geográfico de São Paulo*. s.d.

DR. ERMELINO A. DE LEÃO. As capitanias de Itanhaém e Paranaguá, *Revista do Instituto Histórico e Geográfico de São Paulo*, 1914.

______. *Dicionário histórico e geográfico do Paraná*, Fascículo I, 1915.

MANOEL VIANA. *Paranaguá na história e na tradição*. Edição Pedagógica, 1976.

Guaraqueçaba

Aspectos Peculiares de Guaraqueçaba[1]

Guaraqueçaba é um município brasileiro do estado do Paraná. Sua população, conforme estimativas do IBGE de 2019, era de 7.636 habitantes.

Guaraqueçaba é também um marco histórico, pois está entre as primeiras ocupações existentes no Estado do Paraná por colonizadores portugueses em 1545. Seus habitantes primitivos são os índios Tupiniquins e Carijós. A preservação de seu meio ambiente e as características físicas da região as tornaram privilegiada na manutenção de suas reservas florestais e de seus ecossistemas, quase intactos, criando atrativos turísticos apreciados pelos adeptos do turismo ecológico. A cidade está situada numa região de rara beleza do litoral paranaense, sendo ladeada pelas baías de Paranaguá e Laranjeiras e pela elevação da Serra do Mar. O município de Guaraqueçaba foi criado através da Lei Estadual n. 02, de 10 de outubro de 1947. Instalado em 31 de outubro do mesmo ano, foi desmembrado de Paranaguá.

---

1 Adaptado de: WIKIPÉDIA – a enciclopédia livre. *Guaraquçaba*. Disponível em: https://pt.wikipedia.org/wiki/Guaraque%C3%A7aba. Acesso em: 16 out. 2019.

Os habitantes naturais do município de Guaraqueçaba são denominados guaraqueçabanos. Está localizada na Mesorregião Metropolitana de Curitiba, mais precisamente na Microrregião Metropolitana de Paranaguá, estando a uma distância de 174 km da capital do estado, Curitiba.

Guaraqueçaba é um vocábulo tupi que significa "lugar de dormir dos guarás", através da junção dos termos *agwa'rá* ("guará"), *ker* ("dormir") e aba ("lugar").

História

Em 1545, quando a expedição espanhola de Senabrio imprevistamente aportou nas costas de Superagüi, assolada por uma tempestade, encontrou, dividindo amistosamente o território com as tribos indígenas locais, dois portugueses.

Hans Staden, um aventureiro alemão nascido em Homberg, Hesse, que acompanhava a expedição, mais tarde escreveria livros contando suas peripécias, como em *Viagens e Cativeiro entre os Selvagens do Brasil*, em que diz: "Estes nos perguntaram donde vínhamos e replicaram que devíamos ter um bom piloto para chegar até aquele porto, porque apesar de eles bem o conhecerem, com semelhante tempestade não poderiam ter entrado. Contamos-lhes então que vínhamos de Espanha e como o vento e as ondas nos impeliram até o naufrágio. E quando pensávamos estar perdidos, uma grande embarcação com selvagens e os dois lusos abordaram o navio. Quando ouviram isso admiraram-se e deram graças a Deus e disseram que estávamos no Porto de Superagüi (Supraway), distante 18 léguas de uma ilha chamada São Vicente, que pertencia a EI-Rey de Portugal e lá moravam eles e aqueles que tínhamos visto com o navio pequeno, que fugiram porque pensavam que éramos franceses".

O relatório desse historiador nos dá a riqueza de detalhes necessária para aquilatar o grau de dificuldades vivido pelos primeiros povoadores da região, e também pelos que se seguiram depois.

No ano de 1614, o tabelião da ouvidoria de São Vicente, Diogo de Unhatte, obtém de Pero Cubas a Sesmaria Paranaguá, localizada entre o rio Ararapira e a ilha de Superagüi.

Quando Gabriel de Lara, o Capitão-Povoador, descobriu ouro na região, registrou-se uma verdadeira invasão de aventureiros e garimpeiros, que se espalharam pelos mais diferentes lugares.

Os missionários jesuítas da Casa das Missões, com sede em Cananeia, fundaram em Superagüi um estabelecimento agrícola, com a intenção de catequizar os índios carijós.

A base da povoação foi lançada em 1838 por Cypriano Custódio de Araújo e José Fernandes Corrêa, quando construíram uma pequena igreja nas proximidades do Morro de Guitumbê, que foi consagrada a Bom Jesus dos Perdões, e abençoada no dia 15 de junho de 1839. Ao redor da capela muitas famílias edificaram suas casas, algumas se dedicaram ao comércio e o lugar foi tomando ares de povoado.

Em 1852, foi fundada a Colônia Agrícola de Superagüi, por Carlos Perret Gentil, que levou à região, por sua própria conta, dez famílias suíças, duas alemãs e cinco francesas, totalizando oitenta e cinco pessoas.

Em 1854, Guaraqueçaba é elevada à categoria de Freguesia, e no ano de 1880, através de Lei Provincial, foi criado o município de Guaraqueçaba, com território desmembrado do município de Paranaguá.

Em 1938, por questões meramente políticas, foi extinto o município de Guaraqueçaba, e seu território foi anexado ao de Paranaguá. Porém, em 10 de outubro de 1947, pela Lei Estadual n° 02, seus direitos foram restaurados, voltando à antiga condição de município emancipado; a reinstalação oficial se deu no dia 31 de outubro do mesmo ano. O primeiro prefeito do município, nessa nova fase, foi Celso Roberto Xavier.

Geograficamente, o município é considerado o mais oriental do estado do Paraná. Um dos principais rios de Guaraqueçaba é o Rio Tagaçaba.

Turismo

A região de Guaraqueçaba possui vários atrativos turísticos e infraestrutura de pousadas e restaurantes compatível com a demanda.

A própria cidade de Guaraqueçaba é um atrativo, com a Ponta do Morretes, no centro da cidade, onde é possível desfrutar o fim da tarde na companhia de botos. Há também várias construções históricas e bem preservadas. Ao lado da Igreja do Nosso Senhor Bom Jesus dos Perdões, é possível fazer a trilha para o Morro do Quitumbê, local de beleza singular, principalmente ao pôr do sol.

Já mais afastada da cidade, está a Reserva Natural Salto Morato, que possui centro de visitantes com exposições sobre Floresta Tropical e Mata Atlântica, espaço para cursos, aquário natural, trilhas, centro de pesquisas, laboratório básico, portal e loja de *souvenir*.

Outra opção é o passeio para a Ilha de Superagüi, feito com barcos (voadeiras), no qual é possível aproveitar a paisagem de mangue e o visual da ilha, área muito preservada.

REFERÊNCIA

WIKIPÉDIA – a enciclopédia livre. *Guaraqueçaba*. Disponível em: https://pt.wikipedia.org/wiki/Guaraque%C3%A7aba. Acesso em: 16 out. 2019.

Jose Carlos Muniz

Guaraqueçaba e seus (des)encantos: sua exuberante e rica natureza-cultura... a mazela social!

Antecedentes

Revirando os anais em busca de fatos que elucidem questões e preencham lacunas, Guaraqueçaba, a Vovozinha do Paraná, abriga segredos fantásticos em seus sambaquis, ruas e ruínas.

A presença portuguesa na região rememora 1502, em Cananéia, quando em nome da Coroa são degredados alguns castelhanos e o afamado Bacharel – nosso primeiro habitante europeu; Menos de meio século depois são contabilizados para mais de cem a descendência daqueles primeiros degredados, miscigenados com os nativos.

Estes "povos de Cananéia", desbravadores da região, são os prováveis portugueses relatados em 1549 no Superagui pelo alemão Hans Staden – o primeiro registro da região.

Em 1636, Gabriel de Lara, fundador da Vila de Nª. Srª. do Rosário de Paranaguá, comunica à Provedoria das Minas o achado de ouro de aluvião nas encostas da atual Guaraqueçaba, para onde se deslocam mineradores, construindo moradias ao longo das margens dos rios.

Em 1838, Cipriano Custódio de Araújo, Jorge Fernandes Correa e José Alexandre Cardozo construíram uma capela invocando o Senhor Bom Jesus dos Perdões e ao redor desta surge um pequeno vilarejo.

Em 1853, totalizando 3.876 habitantes, 500 pequenos sítios, 06 engenhos de beneficiar arroz, 05 de moer cana e 04 serrarias, Guaraqueçaba é elevada à categoria de Freguesia (1854), mais tarde tornando-se município, em 11 de março de 1880.

Interação homem-natureza

Na mitologia local, um deus, ao ver suas criações mundo afora servirem somente a propósitos que culminam com a destruição dos recursos naturais, resolveu com sua derradeira força moldar um último santuário onde pudesse descansar... Fez Guaraqueçaba!

A região é um dos cinco ecossistemas mais notáveis do planeta, incluída (1993) na Reserva da Biosfera e reconhecida (1999) como Patrimônio Natural da Humanidade (UNESCO), pois abriga um mosaico de Unidades de Conservação que totalizam 98% de seus 2.020,090 km^2 de território, onde se concentra o maior remanescente contínuo de Floresta Atlântica, abrigo de espécies da flora e fauna, endêmicas, ameaçadas de extinção como o Guará (Eudocimus ruber), ave que dá nome ao lugar.

A proteção destas áreas restringiu o modo de vida das populações tradicionais que por gerações habitam a região, um verdadeiro equívoco do hipotético mundo natural primitivo e seu mito moderno da natureza intocada.

Os Caiçara, Guaranis e Quilombolas convivem em constante sintonia com a natureza, envoltos num misticismo e manejo próprio, a ela se integram, acessam seus princípios curativos; plantam, colhem, caçam seu alimento; compartilham os segredos do mar e do mato, seja da direção dos ventos ou das fases da lua, imprescindível em sua sobrevivência cotidiana, hoje sua riqueza cultural, sendo exemplos o Fandango Caiçara (Patrimônio Imaterial do Brasil, 2012) e a Língua Guarani (Referência Cultural do Brasil, 2014), mas é na convivência com estes povos tradicionais que se descobre uma exótica Guaraqueçaba, típica no linguajar; saborosa na culinária; espetacular nos causos; são mestres nas práticas do mar e técnicas do mato, doutores no saber e saber-fazer; são crentes nas Danças-de-São-Gonçalo e devotos esperançosos na Romaria-do-Divino-Espírito-Santo!

Velhos dilemas

Historicamente com ciclos econômicos curtos, mas impactantes aos recursos naturais, como a mineração e a extração madeireira, a região se apresenta abundante na agricultura em torno da produção do arroz, do palmito e da banana, atraindo colonizadores para a região, suíços em Superagui (1852) e alemães em Serra Negra (1929) e exportação destinada aos países do Prata no então movimentado porto de Guaraqueçaba.

Na primeira metade do século XX, aliado a geada que ceifa as plantações, o fechamento do porto decreta a crise, derivada, também, de suposta maldição lançada numa quarta-feira-de-cinzas, quando um grupo de foliões desrespeitando a tradição, resolveram dançar em dia santo; logo em seguida, quando o último Badejão (*Mycteroperca ssp*) foi fisgado, com 182kg, não apenas o predestinado pescador cumpriu sua sina, mas a pesca artesanal também faleceu, declinou.

A inauguração da Estrada da Redenção Pr-405 em 1970 prometia dar novo alento ao esperado desenvolvimento, mas, o que se observa é a incidência da pobreza atingindo 46% dos 7.966 habitantes (2015); o baixo índice na educação, longevidade e renda (IDH 0,587), coloca Guaraqueçaba na 386ª posição entre os 399 municípios paranaense e com Renda Média Per Capta de R$ 304,64 (IPARDES) é constante o êxodo, resultando numa baixa densidade demográfica (3,46hab./km^2).

Nesse cenário, se faz urgente a implementação de ações que busquem o crescimento econômico integrado a preservação da natureza e aliado a qualidade de vida da população.

É possível? Sim! Precisamos é reconhecer nossos problemas, valorizar nossas potencialidades e tomar atitudes condizentes e, quiçá, mudar o tom na construção de nossa história futura.

Luiz Afonso Rosário

Senhora terra, senhorinha

Em agosto de 2008, os povos do mar criaram uma Carta de Direitos; nesse documento, apontaram a necessidade de reafirmar a sua cultura: "Os nossos modos de vida vêm sendo constantemente ameaçados por projetos e processos que negam a nossa existência e dificultam o acesso aos recursos públicos, privatizam nossos territórios, degradam o meio ambiente e comprometem a nossa soberania alimentar e nossa liberdade".

É nesse contexto que, em 30 anos de trabalho com os povos e comunidades tradicionais, disserto sobre uma das mais impressionantes personagens que tivemos a honra de conhecer, Dona Senhorinha Romão da Costa. Delicada e meiga no seu jeito de falar, mas com uma energia estrondosa e com a arte em suas veias.

Foi em meados do mês de junho de 1986, quando numa quarta-feira de sol e frio, embarcamos numa canoa e saímos de Paranaguá em direção à baía das Laranjeiras, passando pela Ilha das Cobras, Ilha da Banana, Saco do Tambarutaca,

Ponta do Ubá, pedra do vedado, entrando no Rio Medeiros. Magnífica e exuberante vegetação de Mata Atlântica, manguezais, pequenas praias, embocadura do Rio Retiro, que com suas curvas e silhuetas, encostas e rochões de pedra, a cada momento nos revela quão majestosa é a natureza nessas regiões do litoral norte do estado do Paraná.

Logo abaixo, ao lado direito, pela primeira vez avistava a Comunidade Tradicional de Medeiros, ou Medeiros de Baixo, uma vez que há um grupamento familiar a 2 milhas, rio acima, que se chama Medeiros de Cima.

Comunidade de Medeiros de Baixo.

Marcada pelo isolamento, sem energia elétrica – foi estabelecida em 1992 –, conta com um povo acolhedor, formado basicamente por 48 famílias de pescadores artesanais, escola de 1ª a 4ª séries do Ensino Fundamental, igreja católica, igreja evangélica, toda gramada, bem cuidada pelos seus habitantes, organizada em sua cultura e tradições.

Fomos recebidos com muita educação e hospitalidade, povo humilde e acolhedor, gente trabalhadora.

Redes de pesca, botes bem conservados, peixe, camarões e ostras, numa época em que a fartura do mar, dos recursos pesqueiros, era sinônimo de muita festa e alegria. “O mar sempre nos deu o sustento, a nós e a nossa família. Construímos nossas casas, criamos e educamos nossos filhos. Para nós, pescadores artesanais, o mar é tudo... é a vida”, assim nos relatava Orlando, pescador artesanal e hoje presidente da Associação de Moradores de Medeiros de Baixo.

Orlando e seu pai, Seu Jorge, irmão de Dona Senhorinha.

Casais de papagaios da cara-roxa sobrevoavam a comunidade, pássaros coloridos e cantos magníficos, tucanos, botos no rio cercando os cardumes de sardinha, enfim, vida, assegurando as palavras de Orlando.

Não podemos deixar de registrar as pequenas roçadas de mandioca, feijão, milho, inhame, banana, café e frutíferas, fazendo parte do imaginário local de uma intensa relação entre homem-mar-terra, concepção inerente da tradicional cultura caiçara.

Medeiros de Baixo pertence ao município de Guaraqueçaba, estado do Paraná, situado no litoral norte do estado do Paraná, integrando o complexo estuarino que vai de Iguape e Cananeia no estado de São Paulo, passando por Guaraqueçaba, Antonina e Paranaguá, estado do Paraná. Preserva a maior área contínua de Floresta Atlântica do País, com frágeis e exuberantes ecossistemas, abrigando a maior diversidade de espécies do planeta – é a Floresta Tropical mais ameaçada do mundo. Em seu imenso território, está contido um dos mais importantes complexos lagunares do Atlântico, berçário de diversas espécies marinhas, cuja beleza cênica está harmonizada pela convivência entre homem e natureza por gerações.

São 28 comunidades tradicionais contidas no território de Guaraqueçaba e tantas outras nos outros municípios, dentre os quais Medeiros de Baixo, consolidando os últimos remanescentes no sul do País, incluindo também duas aldeias de índios guaranis, onde nós encontramos a principal razão da preservação de todo esse ambiente. Suas práticas de subsistência não agressivas, o manejo equilibrado dos recursos naturais e seu isolamento geográfico mantiveram quase inalterada a natureza local primária, com respeito à vida selvagem e aos valores sociais e culturais.

Com um rico folclore popular, uma gama impressionante de produtores culturais e artesãos, detentores de saberes tradicionais, gastronomia, música, dança, costumes e tradições, entre muitas outras atividades de relevante interesse cultural e social, fazem parte do cotidiano e das vicissitudes das relações dessas comunidades tradicionais, com a natureza e seu meio.

Nesse ambiente hospitaleiro e de riquíssima tradição, conhecemos um homem de grande espiritualidade, brincalhão e que gostava de fazer amigos; seu nome era Antônio Romão da Costa, tio de Orlando, pai de Manoel, o Maneco, que herdou o espírito altivo e anfitrião do pai, juntamente com Dona Vitória, sua esposa, tinham no alto da comunidade a sua casa, construída em madeira de canela preta, tirada na motosserra, bem construída, arejada, pintadinha e cuidada. Almoçamos, jantamos e dormimos acolhidos pelos nossos anfitriões, Maneco e Vitória, nos dias em que passamos na comunidade. Foram dias alegres, com muitas histórias, aprendizados e, principalmente, uma lição de vida em comunidade.

Logo ao lado da casa de Maneco ficava a casa de seu pai, Seu Antônio, onde tivemos a honra de conhecer sua esposa e companheira de longa jornada e sermos amigos, Dona Senhorinha Romão da Costa, ou somente Dona Senhorinha. Uma mulher que nunca ficava parada, quieta, sempre tendo alguma coisa para fazer, ora limpava peixes, cuidada das galinhas, torrava café, varria a casa, fazia comida, assava pão, mas o que era a sua vida, o que mais gostava de fazer, era produzir, com uma técnica rudimentar, as panelas de barro.

Conhecida nacionalmente por sua técnica centenária, Dona Senhorinha foi a última paneleira primitiva do estado do Paraná, tendo suas obras (poucas) expostas no Museu Paranaense e Museu Nacional do Rio de Janeiro, (*In memorium*) contando ainda com o acervo pessoal deste que relata, além de algumas outras peças com colecionadores particulares.

Senhorinha Romão da Costa e seu esposo Antônio.
Janela da casa em Medeiros de Baixo.

Dona Senhorinha, nascida na comunidade do Retiro, Guaraqueçaba-PR, chegou em Medeiros de Baixo aos 15 dias de vida. Filha de Dona Maria Gertrudes das Neves e de Seu Manoel Joaquim José, herdou de sua mãe e avó a técnica da produção de cerâmicas primitivas. Segundo relatou, a sua mãe fazia só panelas e potes. Ela, por sua vez, aprimorou e começou a fazer as panelas do famoso prato típico do litoral do estado, o barreado; fazia a pichorra, potes de diversos tamanhos, chaleira, panela para cosidos e, às vezes, quando havia encomenda, pratos, xícaras, pires, travessas, frigideira e vasos.

O impressionante da técnica de Dona Senhorinha era que ela não usava nenhum tipo de torno, tudo era feito no punho, na mão, e os ângulos internos das peças eram perfeitos.

Nas rodas de conversas que tivemos durante os dias que permanecemos na comunidade de Medeiros de Baixo, pudemos registrar as fases da produção e a técnica utilizada por esta impressionante artesã, suas habilidades e criatividade. Foi nessa oportunidade que nos foi oferecido o conhecimento tradicional da produção das panelas de barro de Dona Senhorinha.

Relatava-nos que toda a produção das peças cerâmicas era compartilhada entre os membros da família, sendo cada qual em sua função, e dividiam suas atribuições. Manoel (Maneco), filho mais velho, era quem ia buscar o barro, matéria-prima para a confecção das peças. Caminhava de 1 a 2 horas pela mata, até encontrar o melhor barro. Quando encontrava, chamava o seu pai, Seu Antônio, e quando ele não podia, Dona Senhorinha que fazia as vezes e iam verificar a qualidade. Contava que enfiavam uma vara na lama até encontrar a base mais sólida, a argila, que geralmente estava a 1 ou 2 metros de profundidade. Esse material era tirado com pá, posto dentro de sacos e carregado nas costas por Maneco até a casa. Lá, era depositado em lugar seco e ventilado para a primeira secagem, protegido e coberto com folhas de bananeiras.

Esse barro é chamado de massapê, de coloração cinza-claro, gordo e sedoso, limpo, sem cisco ou raízes, sem pedras e gravetos.

Porém, apesar de necessária, a argila gorda entorta as peças, por isso recebe uma medida própria de "farofa de tacuí", uma espécie de saibro esbranquiçado, rico em caulim, que depois de pilado e queimado é acondicionado num cocho de madeira talhado e socado com o barro extraído (argila), numa proporção de 1:3 ou 30%. Para a confecção da mistura perfeita, essa farofa, exige-se força, energia e muito carinho e talento, uma vez que a massa final deve ser homogênea. Seu esposo, Antônio, participa da tarefa, para alcançar a mistura perfeita.

Dona Senhorinha explica que "a farofa de tacuí é melhor que as cinzas para misturar e formar a liga, porque as cinzas deixam escamas nas peças e não fica bom".

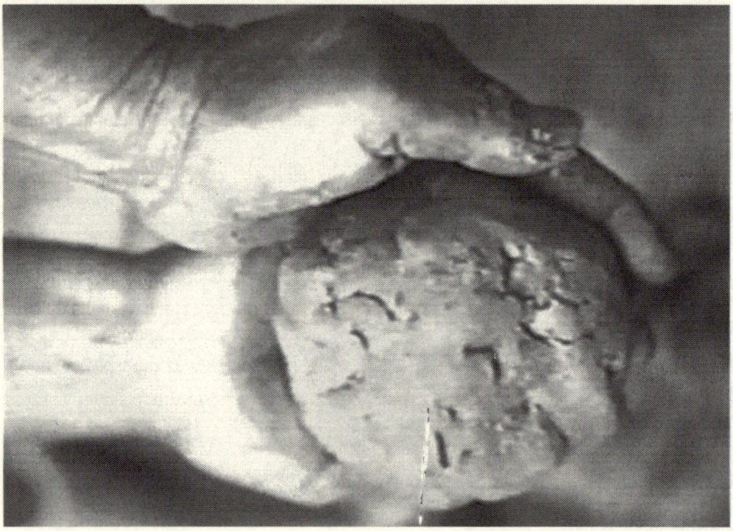

Dona Senhorinha segurando a massa já preparada.

Sua sabedoria tradicional nos ensina que o barro forte é tirado na lua minguante e só pode ser queimado na lua crescente, e vice-versa. Se assim não for feito, segundo seu conhecimento passado por gerações, a peça cerâmica trinca, quebra, explode durante a queima.

Além de suas abençoadas mãos, Dona Senhorinha utiliza alguns equipamentos de apoio, todos rudimentares, sendo: a) sabugos de milho: umedecidos, utilizados para alisar por fora a peça; b) cupeva: um pedaço do porongo, que ajuda a arredondar por dentro; c) facas: uma para raspar os excessos e outra para cortar a boca da panela; d) pontas de madeira: para furar os cuscuzeiros; e) roletes: feitos de esteiras artesanais, para dar acabamento, alisar e polir; f) folhas de goiabeira: molhadas, alisam a boca da panela; g) pedras redondas: são seixos rolados de rios da região, servem para polir a panela depois de seca, retirando as arestas e corrigindo imperfeições, antes da queima.

A bola de barro preparada (imagem acima) é socada pelas mãos firmes e talentosas de Dona Senhorinha; com os punhos fechados para formar a concavidade, nas mãos, em movimentos circulares e coordenados, dão o entorno natural e perfeito, seus dedos polegares deslizam sobre a cavidade, com os roletes de argila dá a profundidade e, num instante, começa a dar forma à peça cerâmica.

Tendo a sua vida como prática, conversando, contando histórias e explicando suas técnicas, com muita paciência para conosco, aos poucos – que nem dá para medir o tempo, uma vez que o tempo, nesse caso, é realmente relativo, muito mais em função do imaginário do que o real –, a peça cerâmica adquire seus contornos finais.

O bolinho de argila fez com que suas bordas ficassem mais altas e firmes. Com alguns outros retoques finais e os detalhes, talento e capricho de Dona Senhorinha, tais como os detalhes geométricos – muito próximos dos desenhos Morubo, etnia indígena da Amazônia ocidental –, da borda, pegadores laterais, ajustes de fundo, confecção da tampa com encaixe perfeito, além de sua marca registrada: o bico de pássaro, que serve como puxador da tampa. Na minha frente, numa pura magia, estava confeccionada a panela de barro, cerâmica primitiva, como há séculos foi produzida por gerações que antecederam.

A partir daí essa e outras peças produzidas naqueles dias iriam ficar guardadas – como amadurecimento – em local fechado, suspenso, chamado de jirau, por quatro a seis dias, longe da umidade, aguardando o tempo de queima.

O impressionante da técnica de Dona Senhorinha é que sua habilidade e sua criatividade são tantas que, muito rapidamente, ela confecciona sua peça cerâmica, como se fosse num piscar de olhos, lá está ela, pronta, linda e perfeita.

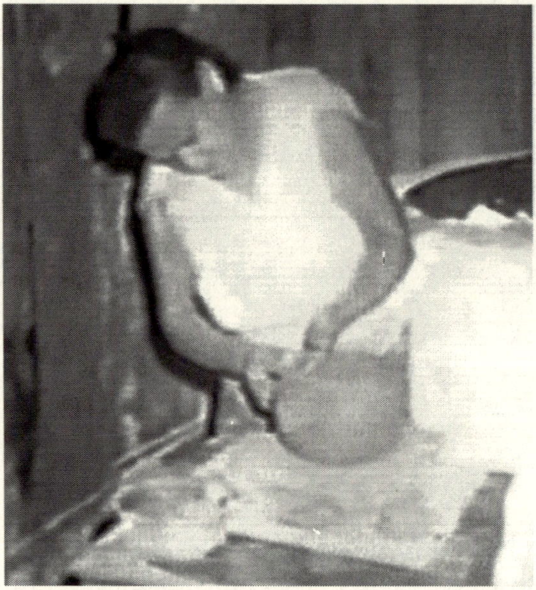

Dona Senhorinha terminando a panela.

Nesses dias em que aguardávamos o "amadurecimento" das peças cerâmicas, passamos o tempo participando de pescarias com os companheiros pescadores da comunidade, visitamos lugares exuberantes, rios cristalinos, pudemos observar os cardumes de peixes nadando tranquilamente, fizemos incursões para dentro da floresta, conhecendo cachoeiras, grutas, avistando uma diversidade de animais, plantas e pássaros. Foram dias inesquecíveis.

O registro que jamais sairá de nossa memória é o magnífico pôr do sol naquela comunidade, com o alaranjado resplandecendo no rio calmo e vigoroso, num ambiente de muita paz e harmonia.

Participamos de mutirão da colheita do milho, da roda de fandango e, ainda, ajudamos Maneco na cata das madeiras e galhos para a queima das cerâmicas que iria acontecer. Fomos atrás da canelinha, araçá, caiúna, jacotiroba, goiabeira e carova. São espécies que, segundo Seu Antônio, fornecem uma queima de baixa intensidade, ou seja, pouco calor e chamas. Colhemos o suficiente e depositamos perto do local da queima.

No dia da queima, estabeleceu-se um ritual todo especial para a ocasião. O terreiro já estava preparado, varrido de folhas e galhos, o círculo de aproximadamente 3 metros de diâmetro e murado com pedras sobrepostas, numa altura de 60 cm, que segundo Seu Antônio impedia que o vento esfriasse as peças que estariam sendo queimadas. Parte das madeiras e galhos que colhemos nos dias anteriores fora depositada no fundo, e as peças cerâmicas foram então trazidas do jirau, já maduras, e colocadas estrategicamente sobre a cobertura de madeiras e galhos e depois cobertas novamente com a outra parte de galhos que ficaram. "Tudo é colocado de forma que fique bem equilibrado e uniforme", contava Maneco, "sem que haja alguma peça que não fique sem o calor".

Maneco manejando o fogo na queima.

Maneco sempre foi o responsável por essa tarefa, fazendo com muita eficiência e rapidez. Dizia ele que "desde pequeno fazia a queima das panelas de barro para a sua avó e para a mãe, ofício que aprendeu com o seu pai, Seu Antônio". As peças cerâmicas são colocadas de forma deitada, ou seja, vertical, em cima do fogo uniforme, cuidando para que todos os lados queimem por igual. A visualização se faz pela coloração que as peças tomam, à medida que são expostas ao calor.

Seu Antônio supervisiona o trabalho do filho, sempre cantando e brincando, orientando para que tudo seja feito da forma correta, ofício este passado de geração a geração. Conta ele que "os galhos devem ser bem parelhos de tamanho e grossura. Com a vara comprida – que Maneco segurava –, as peças são mexidas uma a uma sobre a grade de madeira e galhos, lado a lado, encostadas umas nas outras para economizar espaço e queimar o maior número de peças. Outra manta de galhos e madeiras, sempre uniformes, são estendidos sobre as peças, cobrindo-as. As peças que venham a partir, quebrar ou estourar com o calor, são retiradas e em menos de uma hora o fogo acaba a queima, o trabalho está concluído e com a vara Maneco maneja as peças, retira-as e elas são colocadas no chão para que esfriem.

Nesse ínterim em que Seu Antônio vai explicando, Maneco com sua vara de ponta arredondada vai virando as peças na queima e retirando aquelas que já percebe visualmente que estão prontas. Cuidadosamente as deposita ao lado da queima.

Peças retiradas e depositadas ao lado para que esfriem.

Uma hora depois da queima, as peças já esfriaram e oferecem aos nossos olhos toda beleza e perfeição.

As peças então são juntadas por Maneco, passam por uma limpeza para a retirada de cinzas e verificação se não apresentam rachaduras. Após, serão acondicionadas em cestos para armazenamento e transporte. Esses cestos também são produzidos pela comunidade de forma que os processos de produção, queima, embalagem e transporte sejam todos integrados à cadeia produtiva das panelas de barro, gerando recursos na própria comunidade. Isso é sustentabilidade!

Dona Senhorinha não tinha o hábito de pintar suas peças, uma vez que achava que a tintura, mesmo orgânica ou natural, amargava a comida e deixava cheiro.

O produto final do trabalho artesanal estava pronto para ser entregue aos seus destinatários, muitos deles famílias da região que só cozinhavam com panelas de barro, uma vez que as de alumínio ou ferro eram muito caras e a comida não tinha o mesmo sabor. Mal sabiam eles que muitas das nossas doenças nos dias atuais advêm da aluminização de nossos alimentos, provocada pelo excesso de alumínio vindo de nossas cozinhas modernas e insustentáveis.

Em 1997, numa das tantas equivocadas e até "inconsequentes" investidas do Ibama – Instituto Brasileiro do Meio Ambiente na região, os agentes públicos ambientais proibiram Dona Senhorinha de extrair o barro, alegando dentre tantas inconsistências legais, que a comunidade de Medeiros de Baixo estava localizada numa APA – área de proteção ambiental, base legal do Decreto Federal n. 90.833, de 31 de janeiro de 1985, que com o objetivo de proteger a Estação Ecológica de Guaraqueçaba foi ainda posteriormente sobreposto; mesmo de forma parcial, a APA Federal e o governo do estado, por meio do Decreto Estadual n. 1.228, de 27 de março de 1992, instituíram a Área de Proteção Ambiental Estadual de Guaraqueçaba, com objetivo de assegurar a proteção da área representativa de Floresta Atlântica, evidenciando a sobreposição de legislações protecionistas, numa região que, por si, sempre foi protegida pelos seus protagonistas originários.

Não saciados com a simples proibição e ameaças de prisão a Dona Senhorinha Romão da Costa por "crime ambiental", os agentes públicos ambientais multaram em 5 salários mínimos da época, causando naquela delicada e meiga senhora uma profunda decepção e frustração, ocasionando inclusive um estado de depressão, cujo resultado final é que nunca mais produziu uma só peça de cerâmica primitiva, abandonando por completo o ofício, desestimulando suas netas, principalmente Andréa, filha de Daniel, que sempre a acompanhava nas inúmeras palestras, entrevistas, oficinas e seminários em que era convidada para falar de sua técnica e de sua arte.

Com o estado de depressão que assolou Dona Senhorinha, seu esposo, Seu Antônio, faleceu em 2002 na comunidade de Medeiros, e ela, alguns meses depois, na cidade de Paranaguá, onde tratava de sua debilitada saúde, hospedada na casa da irmã mais nova, veio também a falecer, talvez até em solidariedade ao companheiro e esposo de tantas lutas e jornadas, e com ela, a última paneleira primitiva do estado do Paraná, também morreu a cultura de raiz do estado, uma das últimas culturas que ainda poderiam permanecer vivas, levando os filhos e filhas do estado do Paraná ao resgate da identidade cultural e de suas raízes.

Banco externo ao lado da casa de Dona Senhorinha em Medeiros.

Sentados no banco, junto à porta da cozinha, olhando o Rio Medeiros, passamos muitos finais de tarde conversando, ouvindo histórias e aprendendo com os conhecimentos tradicionais daquela família alegre e trabalhadora.

Nossos sinceros agradecimentos por tudo que proporcionou a cultura de raiz do estado do Paraná... senhora terra, Senhorinha.

Antonina

Aspectos Peculiares de Antonina[1]

A região de Antonina começou a ser efetivamente ocupada por volta de 1650. Havia ouro contribuindo para que a povoação fosse se consolidando. Com a construção da primeira capela erguida na vila que despontava, seus habitantes passaram a ser conhecidos por capelistas, ainda no século XVIII.

Com a criação da Provincia do Paraná, Antonina foi elevada à Vila, sendo aberta a estrada da Graciosa para unir o litoral à capital.

O relevo do município é montanhoso a oeste, forte e levemente ondulado ao norte e a leste e de planícies ao centro e ao sul com alguns morros espalhados pelo município. Na sede municipal registra-se a altitude de 5 metros. As altitudes médias do município oscilam entre 0 e 1.800 metros. Antonina está localizada entre a Baixada Paranaense e a Serra do Mar.

Ao pé da serra, o municipio tem muitos rios que cortam em direção à baia com quem faz limites. Existem muitas cachoeiras e pequenas quedas d'aguas. A maioria dos rios tem navegação permitida com qualquer maré.

1 Adaptado de: WIKIPÉDIA – a enciclopédia livre. *Antonina*. Disponível em: https://pt.wikipedia.org/wiki/Antonina. Acesso em: 16 out. 2019.

Seus morros atingem as maiores alturas do Estado do Paraná. E a maior parte do municipio mantém a cobertura vegetal típica da mata atlantica. Daí, é muito encontrado a cataia, árvore típica do Lagamar e a culinária dispõe do tradicional barreado.

Antonina é um município brasileiro do estado do Paraná. Sua população contada em 2010 é de 18.891 habitantes, com uma área de 876.551 km^2. Está situada a 90 km de Curitiba, e a 50 km de Paranaguá.

Cidade histórica cujos primeiros vestígios da ocupação foram encontrados nos sambaquis. Posteriormente, índios carijós habitaram o local, e os primeiros povoadores datam de 1648 e 1654. Além da extraordinária beleza natural paisagística, Antonina possui calçamento de pedras e ruínas históricas, que enriquecem o seu patrimônio. O município oferece também diversos atrativos turísticos. É acessado pela BR-277, pela antiga Estrada da Graciosa, por ferrovia e através do porto, que foi recentemente reativado, onde também se localiza a sede do município. Foi criado pela Lei Estadual nº 14, de 21 de janeiro de 1857, e na mesma data foi desmembrado de Paranaguá.

Os habitantes naturais do município de Antonina são denominados antoninenses ou capelistas. Está localizada no litoral norte do Estado do Paraná na Mesorregião Metropolitana de Curitiba, mais precisamente na Microrregião de Paranaguá, estando a uma distância de 84 km via BR-277 e 79 km via Estrada da Graciosa, da capital do estado, Curitiba.

O nome "Antonina" é uma homenagem prestada ao Príncipe da Beira Dom António de Portugal, em 1797. Etimologicamente, existem duas fontes: primeiro, do latim *antonius*, que significa "inestimável"; segundo, do grego *antheos*, traduzido como "flor".

História

Antonina é uma das mais antigas povoações do Paraná, tendo sua região sido perlustrada a partir do século XVII. A efetiva ocupação deu-se em 1648 quando o parnaibano Gabriel de Lara, o Capitão Povoador, sesmeiro da Nova Vila (Paranaguá), cedeu a Antonio de Leão, Pedro Uzeda e Manoel Duarte três sesmarias no litoral Guarapirocaba, primeiro nome de Antonina, as primeiras daquela porção litorânea. Foram esses os primeiros povoadores de Antonina.

Eram tempos de caça ao ouro, e esse ciclo intensificou-se com a chegada de homens sequiosos pelo vil metal. Com o passar dos anos, o povoamento do lugar foi se firmando, datando de 12 de setembro de 1714 a oficial povoação de Antonina.

Em 1712, Manoel do Valle Porto, depois sargento-mor, estabeleceu-se no Morro da Graciosa, pois havia recebido uma sesmaria localizada nessa região, e, à frente de grande número de escravos, iniciou o trabalho de mineração e agricultura na região.

As primeiras roçadas devastaram a selva em frente à ilha da Graciosa (atualmente Corisco), que comprovaram a uberdade da terra, de grande valia para o povo do lugar.

Valle Porto conseguiu provisão de licença para a construção da primeira nave da Capela de Nossa Senhora do Pilar no povoado, que abrigava cerca de cinquenta famílias de fiéis, em tributo a Virgem Maria. Desde aquela época, os moradores da cidade ficaram conhecidos como "capelistas".

Em 1797, o povoado tinha 2.300 habitantes, que viviam de mineração, pesca e agricultura de subsistência.

Naquele mesmo ano, em 6 de novembro, a freguesia de Nossa Senhora do Pilar da Graciosa foi elevada à categoria de vila, com a denominação de Antonina, em homenagem ao Príncipe da Beira Dom Antônio. Esse ato solene foi realizado na presença da nobreza e do povo em geral, que assistiu ao levantamento do pelourinho e da lavratura do ato.

Em 14 de janeiro de 1798, foi empossada a primeira câmara de vereadores de Antonina, e a primeira providência foi a reabertura da Estrada da Graciosa, no que foram ajudados por autoridades curitibanas. Em 1835, a vila tinha 3.300 habitantes.

No dia 21 de janeiro de 1857, através de Lei Provincial nº 14, torna-se município da nascente Província do Paraná.

Geografia

Situado na Mesorregião Metropolitana de Curitiba, o município limita-se ao norte e a oeste com Campina Grande do Sul, ao sul e a oeste com Morretes; e a leste com Paranaguá e Guaraqueçaba. Possui uma área de 882 km^2, representando 0,4427% do estado, 0,1566% da região e 0,0104% de todo o território brasileiro.

O relevo do município é montanhoso a oeste, forte e levemente ondulado ao norte e a leste e de planícies ao centro e ao sul, com alguns morros espalhados pelo município.

Os principais acidentes geográficos do município são: na parte orográfica – serras do Cabrestante, dos Órgãos, da Virgem Maria, da Graciosa e da Serrinha; potamográfico – Rio Cachoeira, banhando as localidades de Catumbi, Limoeiro, Lagoinha, Cupiúva, Cupiuvinha, Turvo, Rio Pequeno, Cachoeira de Baixo e Cachoeira de Cima; rio do Cedro, banhando a localidade do Cedro; rio Cacatu, Lagoinha, Morro Grande Sambaqui, Rio do Meio Cacatu e Mergulhão; rio Curitibaíba, banhando as localidades de Curitibaíba, Faisqueira e Sambaqui; rio Faisqueira, banhando as localidades de Faisqueiras de Cima e de Baixo, Cedro e Camarão. Todos esses rios são navegáveis em pequenas extensões por lanchas movidas a gasolina. Existem no município as seguintes quedas d'água: Corredeira da Cachoeira, no Rio Cachoeira; Salto do Cedro, no rio do Cedro; Salto do Mergulhão, no Rio Mergulhão; Salto da Venda, no Rio da venda.

Na baía de Antonina destacam-se as ilhas das Rosas, do Lessa, do Quamiranga, do Goulart e do Corisco. Na localidade de Cedro, há dois morros que se destacam: O do Pico

Torto e da Divisa, com as altitudes de 847 e 817 metros, respectivamente.

Na época do descobrimento do Brasil, em 1500, o município era coberto por diversas formações vegetais pertencentes ao domínio da Floresta Ombrófila Densa, tais como manguezais e terras baixas na orla da baía de Antonina e formações montanhosas ao norte e a oeste.

Como riqueza mineral sobressai, reflexo de grande valor econômico, malgrado ainda ser pouco desenvolvida, a extração de pedra, ferro, magnetita e talco. No campo vegetal – madeiras de lei. E no reino animal, lontra, porco-do-mato, jaguatirica, onça-pintada, capivara, tateco, cutia etc. A pesca no município é praticada pelos pescadores das colônias ali existentes, porém não é muito desenvolvida.

Esporte

O município de Antonina tem a seleção antoninense de Handebol de Areia, a 2ª melhor equipe masculino e a 3ª feminino dos Jogos Abertos do Paraná na categoria adulto. Na categoria juvenil, a equipe é a primeira campeã na modalidade Handebol de Areia nos Jogos da Juventude do Paraná (JOJUPs) em 2014. Na segunda vez em que a modalidade participa dos JOJUPs em 2016, a equipe da cidade ficou na 3ª colocação. No cenário nacional, a equipe adulta de Handebol de Areia participou dois anos seguidos da etapa do Circuito Brasileiro de Handebol de Areia, que ocorreu na cidade do litoral paranaense Matinhos, e nesse ano a equipe ficou com a 10ª posição na categoria masculino e feminino, jogando contra fortes equipes brasileiras, com jogadores que atuam na seleção brasileira de Handebol de Areia.

A equipe de Handebol da cidade é a atual campeã da Regional 1 dos Jogos Abertos do Paraná, e na fase final ficou com a 8ª colocação.

A cidade de Antonina, nos anos 1930 e 1940, participava ativamente do Campeonato Paranaense de Futebol, visto que na época o regulamento dava uma vaga para o campeão da Liga de Futebol de Antonina. Os clubes que participaram nessa época foram o Mattarazzo Football Club, o Clube Atlético Antoninense, a Associação Atlética 29 de Maio e o Ypiranga. Hoje esses clubes jogam no futebol amador da cidade, representado por essa mesma liga.

REFERÊNCIA

WIKIPÉDIA – a enciclopédia livre. *Antonina*. Disponível em: https://pt.wikipedia.org/wiki/Antonina. Acesso em: 16 out. 2019.

Cézar Alexandre Broska

Antonina dos encantos e recantos, das minhas raízes da minha vida

A história de Antonina pode ser lida na paisagem e na arquitetura; é uma cidade histórica, notoriamente pelo conjunto arquitetônico antigo, ruas estreitas e uma tranquila população que conserva tradições culturais e religiosas.

Cidade que encanta com sua musicalidade e romantismo, sua "Filarmônica Antoninense" é formada por adolescentes que todo último dia do mês se apresentam no coreto da praça ou Teatro Municipal, com arranjos de clássicos e musicais populares envolvendo a população e turistas. Há o festival de inverno da UFPR com oficinas, espetáculos teatrais, musicais, exposições de carros antigos, exposições de quadros, artesanatos.

O carnaval é considerado o melhor do Paraná, mantendo a tradição de blocos, bandas, desfiles de escolas de Samba, baile de rua, crianças, famílias, foliões com muita explosão de alegria.

A tradicional festa de agosto, Bênção de Nossa Senhora do Pilar, padroeira da cidade, misto de fé, tradição, barracas com comidas típicas (barreado, bolinho de camarão, siri etc.), quanta coisa boa para desfrutar, procissão do Bom Jesus do Saivá e São Benedito, ponto de encontro de amigos todo ano na pracinha da cidade.

Antonina, cidade com pontos turísticos tombados pelo patrimônio histórico, com opções de uma gastronomia local, Antonina das fontes e lendas, fonte das laranjeiras e fonte da carioca, datadas de 1867, que guarda em sua história a visita de D. Pedro II, que diz que quem bebe de sua água cristalina sempre volta, o Teatro Municipal onde passaram várias celebridades como Carmem Miranda, Ari Barroso, orquestras, Festivais; Mercado Municipal, com seus restaurantes a beira mar; Trapiche Municipal, que canta e encanta jovens e velhos namorados com o entardecer, com seus barcos e vista da baía. Antonina que canta e encanta com suas belas paisagens, Ponta da Pita, Prainha Rio do Nunes e uma vista que encanta do Pico do Paraná, com Ruínas do Matarazzo e a presença do Porto da Ponta do Felix, cidade dos apelidos, quem vem visitar logo sai com um apelido.

Antonina dos encantos e recantos, das minhas raízes da minha vida.

Morretes

Aspectos Peculiares de Morretes[1]

Morretes é um município brasileiro na região litorânea do estado do Paraná. Sua população, conforme estimativa do IBGE de 2018, é de 16.366 habitantes.

De origem geográfica, seu nome remete aos pequenos morros (Morretes) que circundam a sede municipal. Essa denominação remonta ao tempo de sua primitiva colonização.

História

Até o século XVI, a região atual do município era território dos índios carijós, etnia que ocupava a faixa litorânea brasileira desde Cananeia até a Lagoa dos Patos. A partir de 1646, com a descoberta de jazidas de ouro, a região passou a ser ocupada por mineradores e aventureiros provenientes da cidade de São Paulo. Em 1721, foi fundado, oficialmente, o povoado de Morretes.

Foi o ouvidor Rafael Pires Pardinho quem determinou que a Câmara Municipal de Paranaguá autorizasse a medição

1 Adaptado de: WIKIPÉDIA – a enciclopédia livre. *Morretes*. Disponível em: https://pt.wikipedia.org/wiki/Morretes. Acesso em: 16 out. 2019.

e a demarcação de trezentas braças em quadra para a instalação do povoado de Morretes. A partir de meados do século XVIII, os parnanguaras capitão Antonio Rodrigues de Carvalho e sua mulher, Maria Gomes Setúbal, se estabeleceram em Morretes, onde logo construíram uma capela, dedicando-a a Nossa Senhora do Porto e ao Menino Deus dos Três Morretes. Em 21 de julho de 1769, o padre Francisco de Meira Calassa abençoou a capela morretense.

A partir daquela época, o lugar teve grande crescimento, com o setor comercial tornando-se ponto de referência obrigatória aos viajantes de serra acima e rio abaixo. O progresso do povoado provocou certa rivalidade com Paranaguá, que chegou ao cúmulo de proibir "... os comércios de fazendas secas de lojas em Morretes", por ordem do ouvidor da Capitania em 1780. No ano seguinte, a proibição foi revogada por ordem de Dom Martin Lopes Saldanha, governador-general da capitania (Romário Martins – *História do Paraná*).

Quando era capelão de Morretes, o padre Francisco Xavier dos Passos conseguiu, com a ajuda da comunidade, reformar a antiga capela. Nesse tempo, a vida social e cultural do lugar girava em torno das atividades da igreja. Foram beneméritos da Capela de Nossa Senhora do Porto e Menino Deus dos Três Morretes, de 1797 a 1809, o tenente João Ferreira de Oliveira e, de 1810 a 1814, o sargento-mor Antonio Ricardo dos Santos.

Em 1º de março de 1841, por meio da Lei Provincial Número Dezesseis, Morretes foi elevada à categoria de município, com território desmembrado de Antonina. A instalação oficial se deu no dia 5 de julho de 1841.

Pela Lei Provincial Número 188, de 24 de maio de 1869, Morretes foi elevado à categoria de cidade, com sua denominação alterada para "Nhundiaquara". Pela Lei Provincial Número 277, de 7 de abril de 1870, voltou a denominar-se Morretes.

De 1811 a 1832, o comércio sobrepujou todas as demais atividades em Morretes. Nem só o comércio, mas também a indústria, em particular a indústria de beneficiamento de erva-mate, de que foram pioneiras pessoas abastadas de Paranaguá, que instalaram em diversos pontos do município engenhos de beneficiamento do mate, quase todos movidos a força hidráulica. Em 1823, foi construído um grande teatro de madeira e nele foram levadas à cena por jovens morretenses peças teatrais de grande importância, inclusive uma comédia do famoso escritor da Grécia Antiga Esopo. Em 11 de outubro de 1843, foi criado um Batalhão da Guarda Nacional, e na Guerra do Paraguai, em 1865, a cidade enviou uma companhia de setenta soldados.

Com a chegada dos trilhos de aço da Estrada de Ferro Paraná ao litoral, cujo tráfego iniciou-se em 1885, Morretes decaiu vertiginosamente: seu comércio foi altamente prejudicado, parando os engenhos de erva-mate e afetando toda a estrutura sócio-econômico-cultural do município. A partir de então, operou-se uma reação, e o município reconquistou aos poucos sua importância no contexto do estado do Paraná.

A colônia agrícola Nova Itália, dividida em doze núcleos coloniais, foi fundada em 22 de abril de 1878, em terreno doado pelo coronel Antônio Ricardo dos Santos. Nela, foram estabelecidas 543 famílias, num total de 2.296 pessoas. Mais tarde, muitos colonos deixaram o lugar e se transferiram para outras colônias, motivados principalmente pela inadaptação ao clima de Morretes. O distrito de Porto de Cima é um dos mais importantes pontos de referência histórica, não só para o povo morretense, mas para todo o Paraná.

A cidade de Morretes está situada na zona fisiográfica do litoral paranaense, estendendo-se da encosta da Serra do Mar para o leste e limitando-se ao oeste com os municípios de São José dos Pinhais, Piraquara e Quatro Barras; ao norte, com o município de Campina Grande do Sul; ao nordeste, com o município de Antonina e a Baía de Paranaguá; ao leste, com Paranaguá; e ao sul e sudeste, com o município de Guaratuba.

A fronteira ocidental de Morretes fica a cerca de 35 km do mar. Todas as divisas estaduais são formadas por acidentes geográficos: ao norte e oeste pelos espigões das Serras dos Órgãos, da Graciosa, do Marumbi e da Farinha Seca; ao sudeste pelas serras da Igreja, das Canavieiras e da Prata. No sudeste, é o Rio Arraial, numa altitude de cerca de oitocentos metros, que forma o limite do município. Com Antonina e Paranaguá, são as lagoas. Possui também uma das maiores elevações do Paraná, o Pico do Marumbi, que tem 1.539 metros de altitude.

Turismo

Morretes é uma cidade histórica rica em arquitetura colonial, com casarões antigos preservados, o que movimenta o turismo local, além de possuir restaurantes que oferecem o prato típico da região: o barreado.

Possui também os parques ambientais Parque Estadual Pico do Marumbi, Parque Estadual Graciosa, Parque Nacional de Saint-Hilaire/Lange e Parque Estadual do Pau Oco.

REFERÊNCIA

WIKIPÉDIA – a enciclopédia livre. *Morretes*. Disponível em: https://pt.wikipedia.org/wiki/Morretes. Acesso em: 16 out. 2019.

O Conjunto Marumbi ou Serra Marumbi é uma cadeia de montanhas de difícil acesso no estado do Paraná, no Brasil. O nome do seu cume mais alto (Olimpo) recebeu o nome da primeira pessoa conhecida que o atingiu, Joaquim Olimpio Carmeliano de Miranda. É formado pelas montanhas: Olimpo (1 539 metros), Boa Vista (1 491 metros); Gigante (1 487 metros); Ponta do Tigre (1 400 metros); Esfinge (1 378 metros); Torre dos Sinos (1 280 metros); Abrolhos (1 200 metros); Facãozinho (1 100 metros) e pelo Morro Rochedinho (625 metros). A maioria destes picos é separada por diques de diabásio com orientação azimutal. É o caso da separação entre a Torre dos Sinos e o Abrolhos, chamada Desfiladeiro da Catedral, e entre a Ponta do Tigre e a Esfinge, chamada Desfiladeiro das Lágrimas.

Com aspectos significativos da floresta Atlântica Brasileira, o Olimpo foi considerado por muito tempo o ponto culminante do estado do Paraná, e conquistado pela primeira vez em 1879 por Joaquim Olímpio de Miranda.

A beleza natural do local faz, do Marumbi, um dos principais atrativos turísticos do Paraná, e também estimula a prática de esportes de aventura como o montanhismo técnico e caminhadas.

Oriel Ballan

Premonição

Zena e eu estávamos em Guaraqueçaba, cidade histórica, localizada no estado do Paraná, na casa do meu amigo Irajá.

Fomos ao Bar do Nilo e enquanto tomávamos uma cataia ouvi uma história interessante, e o interlocutor me afirmou que era verdadeira.

No dia seguinte almocei no antigo Mercado Municipal e encontrei o prefeito da cidade que na época era o Toninho Barranqueira – natural de Ariri, subdistrito de Cananeia, litoral de São Paulo. Encontramos Doli, irmã do Sr. Albertino, e seu neto, os quais me deram permissão para contar essa história que começo a lhes narrar.

Certa feita, Albertino, homem honesto e honrado – o seu fio de bigode valia cem assinaturas em qualquer contrato, sempre cumpridor de sua palavra –, sempre que passava em Ariri em frente à venda do Paulinho Rangel acenava e gritava: "Bom dia, vizinho".

Albertino tinha por hábito comprar uma vez por semana peixe do Malaquias da Enseada da Baleia, do Rubens da Barra do Ararapira e do Celestino; esses peixes eram revendidos no Mercado de Paranaguá.

Um dia, Albertino estava no Bar do Nilo e anunciou para todos os presentes: "Amanhã vou pescar o maior peixe que já peguei e vai ser o último".

Diante dessa afirmação peremptória, Nilo perguntou: "Vai se aposentar, Albertino?".

E pela primeira vez ficou sem resposta. Albertino calou-se e a prosa tomou outro rumo.

No dia seguinte, Albertino foi para Paranaguá pagar o Sr. Isac pelo pano de rede encomendado. E repetiu a afirmação: "Hoje vou pescar o maior peixe que já peguei e vai ser o último". "Ora, vai parar de pescar, Albertino?", perguntou Isac.

E ficou sem resposta.

Albertino foi para o Mercado de Paranaguá, encontrou seu neto e juntos caminharam pelas bancas, e a afirmação foi repetida para todos os donos de barracas, ao que seu neto lhe indagou: "Vô, se o senhor parar, vou pescar com quem?".

E pela primeira vez na vida seu neto também ficou sem resposta.

Na volta para Guaraqueçaba, Albertino e seu neto jogaram a poita num poço fundo na Ilha das Cobras.

Albertino lançou uma linha de espera com anzol de um palmo com uma sardinha inteira de isca.

Após meia hora veio a ferrada que chegou a balançar a traineira e somente três horas depois foi que o badejo de 220 quilos pranchou. Tiveram que amarrá-lo na traineira e quando chegou a Guaraqueçaba, o povo todo veio para o píer do mercado para ajudar a levantar e carregar o peixe.

O peixe foi pesado e limpo e Albertino começou a distribuir grandes pedaços para seus amigos, deu o último pedaço do peixe para seu neto e caiu no cais acometido de um ataque fulminante do coração.

Essa história é verídica e quem duvidar e quiser tirar a prova é só ir a Guaraqueçaba e perguntar por que de geração em geração todos ouviram falar de Albertino.

Fim.

Conto publicado no Portal: www.nossolitoraldoparana.com.br

Antonieta Amarante

Morretes

Descemos a Serra do Mar
pela estrada da Graciosa
sempre a nos encantar
com tanta vista formosa.

Quando a Morretes chegamos
em pequeno hotel ficamos
junto ao Rio Nhundiaquara
de água límpida e clara.

Cidade de história rara
onde a Natureza não foi avara
de mormaço e sonolência
muita graça e sapiência.

Rio de serra, o Nhundiaquara
onde a correnteza não para
tem leito de seixo rolado

que conta bonito passado.
Lá tem feira permanente
artesanato em pedra e semente
fruto em palha embalado
cheirando a terra e melado.

Farinha de mandioca
bala de banana e paçoca
de amendoim socado no pilão
geleia de goiaba e mamão.

Caminhadas ao entardecer
noites respingadas de estrelas
impossível não se render
e passar horas a vê-las.

Alguns dias de descanso
banho no rio, no remanso
nada mais que uma semana
se fartando de barreado e banana.

E ao voltar da viagem
alegre, feliz, descansada
trazer sempre na bagagem
fotos, lembranças, e a alma renovada.

Paranaguá

Aspectos Peculiares de Paranaguá[1]

Paranaguá é um município localizado no litoral do estado do Paraná. Fundada em 1648, é a cidade mais antiga do Paraná e a principal do litoral paranaense.

De acordo com a estimativa feita pelo Instituto Brasileiro de Geografia e Estatística (IBGE) em 2018, Paranaguá possui uma população de 154 936 habitantes e é a 10ª cidade na Lista de municípios do Paraná por população. Detém um produto interno bruto de R$ 7.200.842.000 (2010), que é o sexto maior do estado. O porto é sua principal atividade econômica.

O bairro mais populoso é o Parque São João, com cerca de 20.000 habitantes, enquanto o menos populoso é a Vila Santa Helena, com cerca de 800. Os bairros mais nobres são Costeira, Tuiuti, Palmital, Raia. E os mais pobres são Vila Garcia, Jardim Esperança e Porto Seguro.

Cidade histórica e turística fundada na primeira metade do século XVII, tem como principal atividade econômica, a de porto escoador da produção do Paraná, interligando o

1 Adaptado de: WIKIPÉDIA – a enciclopédia livre. *Paranaguá*. Disponível em: https://pt.wikipedia.org/wiki/Paranagu%C3%A1. Acesso em: 16 out. 2019.

estado às demais regiões do país e do exterior. A construção de suas docas data de 1934, quando passou a figurar entre os principais portos do Brasil, com a denominação de Porto Dom Pedro II. Testemunha de mais de 400 anos de história, guarda, ainda, vestígios da época da colonização portuguesa em seus casarios de fachada azulejada, em suas ladeiras de pedra e em suas igrejas. O município foi criado através da Lei 5, de 29 de julho de 1648, e instalado na mesma data, tendo sido desmembrado do estado de São Paulo.

Os habitantes naturais do município de Paranaguá são denominados parnanguaras. Está localizado a uma distância de 91 km da capital do estado, Curitiba.

"Paranaguá" é uma palavra de origem tupi, variando sua etimologia segundo os diferentes autores: *Paranãgûá*, enseada de mar, pela junção de *paranã*, mar, e *kûá*, enseada, segundo Eduardo de Almeida Navarro; *Paranaguá*, enseada do mar, baía, porto, segundo Francisco da Silveira Bueno; *Paranã-guá*, seio de mar, baía, lago, segundo Teodoro Fernandes Sampaio; *Paranãguá*, enseada do mar, foz, desembocadura de rio caudaloso, segundo Luís Caldas Tibiriçá; *Pa'ra*, mar + *nã*, semelhante + *guá*, baía, golfo, reentrância: reentrância do mar, segundo Orlando Bordoni; *Paraná*, semelhante ao mar + *guá, cuá*, baía ou enseada de mar, segundo Francisco Filipak; os carijós, povo indígena que habitava o litoral paranaense, denominavam o lugar *Pernagoá* ou *Parnaguá*, que significa "grande mar redondo".

História

Paranaguá tem a prerrogativa de ser o primeiro município fundado no Paraná, fato que se deu por meio de Carta

Régia, de 29 de julho de 1648. Antes que se organizasse o núcleo que deu origem à sociedade parnanguara, há milênios, nesse mesmo litoral, habitou o *Homem do Sambaqui*, uma raça extinta, da qual pouco ou quase nada se sabe.

Mais tarde, foi a vez do povo Carijó, do grupo Tupi-Guarani, que, a exemplo da anterior, é raça também extinta: dessa feita, porém, pelas mãos do desbravador português, que os capturou para trabalho escravo. Com o tempo, os que sobraram miscigenaram-se com brancos e negros africanos, resultando em outro elemento étnico, o caiçara.

Desde 1549, a costa litorânea paranaense já era conhecida e habitada pelo branco europeu. Pelo menos é o que consta no relato do náufrago alemão Hans Staden, registrado em livro. Foi-se efetivando uma povoação, e, em 1578, segundo consta, existia uma pequena capela sob a invocação de Nossa Senhora do Rosário.

Em 1614, Diogo de Unhate, tabelião em São Vicente, obteve a primeira sesmaria em terra paranaense, localizada entre os rios Ararapira e Superagui. Em 1640, Gabriel de Lara, que passou para a história como o "capitão-povoador", chegou a Paranaguá e fez erguer o Pelourinho em 6 de janeiro de 1646, símbolo máximo da justiça e do poder lusitano. Naquele mesmo ano, Gabriel de Lara anunciou descobrimento de ouro em Paranaguá.

Com essa notícia, iniciou-se oficialmente o ciclo da mineração aurífera no Paraná, e até mesmo do Brasil Colônia, e, antes que se iniciasse regularmente a procura pelo ouro vil, o Governador-Geral do Rio de Janeiro nomeou um "[...] Administrador e Provedor para o seu desenvolvimento, pesquisa de novas jazidas e defesa fiscal dos quintos reais", em nome d'El Rey. A presença de tantas autoridades nessa região acabou despertando a atenção e o interesse de muita gente que afluiu em busca de riqueza fácil, iniciando diferente atividade sertanista.

A partir do núcleo Paranaguá, outras regiões foram atingidas: Tagassaba, Serra Negra, Faisqueira e os rios do Pinto, Guarumbi, Cubatão e outros lugares. Posteriormente, a cata ao ouro transpôs a serra e chegou ao planalto. Até os dias de hoje, historiadores discutem qual o resultado final da cata do ouro, pelo menos com a significância desejada. No entanto, foi a ilusão do ouro que ajudou a fundar o Paraná.

Paranaguá cresceu tanto que, no ano de 1660, foi transformada em capitania, sendo Gabriel de Lara nomeado ouvidor, alcaide-mor e capitão-mor. A Capitania de Paranaguá foi extinta em 1710 e anexada à de São Paulo, e por Provisão de 21 de agosto de 1724, foi nomeado o primeiro ouvidor pós-Capitania, Antônio Alves Lanhas Peixoto.

A ouvidoria de Paranaguá compreendia todo o sul do Brasil, até o Rio da Prata (inclusive a República Oriental do Uruguai), estando sob sua jurisdição as vilas de Iguape, Cananeia, São Francisco, Nossa Senhora do Desterro (atual Florianópolis), Laguna e Nossa Senhora da Luz dos Pinhais de Curitiba.

Em 20 de novembro de 1749, iniciou-se a desagregação do imenso território parnanguara, com a criação da ouvidoria de Santa Catarina.

Em 1812, foi criada a comarca de São Pedro do Rio Grande do Sul, e, nessa mesma data, a sede da ouvidoria de Paranaguá foi transferida para Curitiba. A partir de 29 de novembro de 1832, as ouvidorias foram extintas, e nesse período iniciava-se a tomada efetiva de povoamento dos Campos Gerais do Paraná.

A localização geográfica permitiu, ao longo de sua existência, que Paranaguá participasse de ações militares, tanto é que foi construída a Fortaleza da Ilha do Mel, sem que, no entanto, fosse acionada para fins bélicos, pelo menos a contento. É um dos pontos turísticos mais visitados do município.

Um duro golpe na população parnanguara veio por conta da Revolução Federalista, em 1894. Nessa ocasião, os Federalistas (insurretos gaúchos contrários ao governo legal), que haviam tomado de assalto o estado de Santa Catarina, atacaram simultaneamente o estado do Paraná em três frentes, Tijucas do Sul, Lapa e Paranaguá, que ficou em mãos dos Federalistas por três meses e sete dias, só saindo dali no dia 24 de abril de 1894.

Registra-se que não houve violência contra a comunidade, ao contrário do que ocorreu, por exemplo, na Lapa e em Tijucas do Sul, localidades onde ocorreram muitas baixas. Porém, resultado para a cidade foi, de certa forma, bem trágico: ao retomar o poder, os militares paranaenses, por vingança, executaram, no quilômetro 65, pessoas consideradas contrárias ao poder legal, dentre as quais Prisciliano Correia e Ildefonso Pereira Correia, o Barão de Serro Azul, filhos de Paranaguá. Governava o Paraná nessa época Vicente Machado.

Em 1902, foi inaugurada a iluminação elétrica, em 1908 foi instalado o serviço telefônico e em 1914 o serviço de abastecimento de água e rede de esgotos. Em 1934, foram construídas as docas do Porto Dom Pedro II, com 450 metros de cais acostáveis; posteriormente, esse porto foi modernizado, tornando-se um dos mais importantes do Brasil. É a maior fonte de renda municipal, exportando produtos vindos tanto pela moderna rodovia que liga o litoral à Curitiba quanto pela linha férrea, cujos trilhos de aço, colocados nos contrafortes da serra ainda no século passado, deu o pontapé inicial para transformar o Paraná provincial no estado moderno de hoje.

Geografia

A sede municipal está compreendida entre as seguintes coordenadas geográficas: 25°31'12" de latitude sul e 48°30'32" de longitude oeste do Meridiano de Greenwich. Limita ao norte com Antonina e Guaraqueçaba através da Baía de Paranaguá; ao sul com Guaratuba e Matinhos; a leste com Pontal do Paraná e a oeste com Morretes. O município ocupa uma área de 826.652 km^2.

Paranaguá possui diversos acidentes geográficos, entre os quais se destacam os seguintes: os rios Itiberê e Guaraguaçu, ambos navegáveis; as ilhas do Mel, da Cotinga, Rasa da Cotinga e das Pedras; a baía de Paranaguá; a gruta das Encantadas, situada na parte meridional da Ilha do Mel, e numerosas praias ao redor da ilha.

O município faz parte da Bacia Hidrográfica do Litoral Paranaense. Seus principais rios são: Itiberê e Guaraguaçu, ambos navegáveis. A vegetação predominante do município é a Floresta Ombrófila Densa, que inclui dunas, restingas e manguezais.

Turismo

Por ser a primeira cidade do Paraná, Paranaguá conta com um centro histórico bem diversificado, com o Museu de

Arqueologia e Etnologia de Paranaguá e o Museu do Instituto Histórico e Geográfico de Paranaguá, além dos casarios antigos, das igrejas Catedral de Nossa Senhora do Santíssimo Rosário, bem como das ilhas da Cotinga, do Mel, entre outras atrações. Paranaguá também possui a linha turismo que foi lançada no aniversário dos 365 anos do Município. Trata-se de um ônibus com visual diferenciado que passará por 26 pontos turísticos e/ou institucionais da cidade.

A Estrada de Ferro Curitiba Paranaguá, criada em 1880, é hoje uma das mais famosas do Brasil. Construída sobre a Serra do Mar, teve de vencer grandiosos obstáculos do relevo que pareciam impossíveis para construção de sua linha férrea. Seu primeiro trecho foi inaugurado em 1883 e já em 1885 estava concluída, sendo a primeira ferrovia do estado do Paraná. Mais tarde, continuou se expandindo até 1892, quando alcançou o Porto de Antonina. A linha ainda hoje, em seus 110 quilômetros de extensão que descem os 900 metros da serra, guarda alguns trechos originais daquele tempo, o que perpetua a comprovação do arrojado projeto do século passado.

Os pontos turísticos são: Aquário Marinho, Cine Teatro, Estação Ferroviária, Estrada de Ferro Paranaguá-Curitiba, Fonte Velha ou Fontinha, Catedral de Nossa Senhora do Santíssimo Rosário, Monumentos Históricos, Museu Narigi Surf do Porto S/A, Museu de Arqueologia e Etnologia de Paranaguá, Palácio Visconde de Nácar, Casa Elfrida Lobo, Palácio Carijó, Museu do Instituto Histórico e Geográfico de Paranaguá, Alfândega da Receita Federal, Edifício Palácio do Café, Santuário Estadual de Nossa Senhora do Rocio, Igreja da Ordem Terceira de São Francisco das Chagas de Paranaguá, Igreja de São Benedito, Praça Prefeito Mário Roque (Antiga Praça 29 de Julho), Solar dos Dacheux, Mercado do Artesanato,

Mercado Municipal, Palácio Mathias Böhn, Casa Cecy, Porto Dom Pedro II, Gigante do Itiberê, Palácio do Esdras, Aeroparque, Farol das Conchas, Ilha do Mel, Gruta das Encantadas, Rua da Praia, Palco Tutóia, Praça Fernando Amaro, Casa Monsenhor Celso (Casa da Cultura), Instituto de Educação Dr. Caetano Munhoz da Rocha, Mercado Municipal Brasílio Abud e Mercado Municipal do Café.

Fandango

O fandango é uma dança típica da região de Paranaguá. Chegou ao Paraná por volta de 1750 e dança consiste em "bater os pés" no ritmo da música sem perder a harmonia. Hoje em dia, o fandango voltou a ser exibido em praças da cidade e no antigo Mercado Municipal, uma vez ao mês.

Culinária

Barreado, um prato típico do litoral paranaense (com a sua tradicional receita), dava seus primeiros passos há 300 anos, nos primórdios da colonização de origem portuguesa da cidade. Posteriormente, foi adotada por Morretes e Antonina. Seu preparo consiste em carne de porco e farinha (entre outros ingredientes). É feito tradicionalmente em uma panela de barro, onde é cozido por 13 horas. Pode ser acompanhado com banana e arroz.

Esporte

Paranaguá possui um dos mais antigos times de futebol do estado, o Rio Branco, mais conhecido como "Leão da

Estradinha", e também o Clube Atlético Seleto, vice-campeão paranaense em 1964, que hoje se encontra no amadorismo, entre outros clubes que participaram do Campeonato Paranaense de Futebol em outras épocas.

A cidade possui dois estádios de futebol: o Estádio Nelson Medrado Dias, patrimônio do Rio Branco, e o principal estádio da cidade, o Gigante do Itiberê.

REFERÊNCIA

WIKIPÉDIA – a enciclopédia livre. *Paranaguá*. Disponível em: https://pt.wikipedia.org/wiki/Paranagu%C3%A1. Acesso em: 16 out. 2019.

Abdul Assaf

Infinito litoral do Paraná: a preciosa joia da Serra do Mar

Cenário de encantos
Paraísos fascinantes
De beleza indescritível

Natureza viçosa
Exuberância infinita

Litoral este de terras abençoadas
Belíssimas praias de mar azul e doce
Que fascinam pelo olhar
E faz despertar a emoção

Clima ameno e agradável
Maravilhoso pôr do sol
Irradiando um magnífico brilho
Em suas serras e morros

Beleza e natureza juntas
Em plena harmonia
Contemplada por Deus

Exuberância igual assim não há
Neste infinito litoral do Paraná

Olga Maria Salomão do Amaral e Castro[1]

Paranaguá: uma ebulição cultural secular

Entrevista realizada por Olga Maria e Castro com o Dr. Ivan Lapolli Filho, parnanguara, advogado e membro do Centro de Letras de Paranaguá e Literário Cultural.

O século XIX estava em sua segunda metade. O Brasil, como nação independente, ensaiava os primeiros passos contando somente 50 anos de idade. A recém-instalada província do Paraná havia sido desmembrada de São Paulo fazia apenas 19 anos e Curitiba lutava ainda para firmar o prestígio que lhe era conferido pela alta investidura de capital do Paraná. Paranaguá – que nessa época ostentava a vetusta e respeitável idade de 224 anos, contados desde sua elevação à categoria de vila pelo Foral Régio. Usufruía o prestígio e a importância que tinham os portos de mar, ligados ao resto do país e do estrangeiro por próspero e compensador intercâmbio comercial. O porto era, grosso modo, a "internet da época". Era, em 1872, uma cidade próspera, com recursos materiais

1 Olga Maria Salomão do Amaral e Castro, é Psicanalista e Gestora cultural, casada, Brasileira, natural de Juiz de Fora, MG.

que lhe garantiam vida requintada e folgada, com assistência a doentes, indigentes e forasteiros, amparo à instrução e conforto espiritual aos moradores.

Sólidas firmas de comércio atacadista negociavam diretamente com os países da Europa e da América do Norte e do Sul, distribuindo as mercadorias no interior da província.

No terreno assistencial, a cidade já havia sido beneficiada anteriormente pelo Hospício dos Franciscanos, sediado no estaleiro, final da Rua da Ordem (hoje Rua 15 de novembro), onde funcionava a residência dos religiosos, o albergue e o asilo dos necessitados.

Santa Casa de Misericórdia

No setor educacional, Paranaguá já no século XVII clamava por instrução pedindo, ao rei de Portugal e ao provincial dos jesuítas, a vinda de padres para as missões de catequese e ensino de primeiras letras, pedido que culminou com a fundação da Casa e posteriormente a construção do Colégio dos Jesuítas, na primeira metade do século XVIII, com grande lustre para a vila; além disso, teve a assistência de abalizados Mestres Régios nomeados, daí em diante, pelos monarcas portugueses. Para suprir as necessidades espirituais e religiosas nesse quartel do século XIX, a cidade possuía os templos do Senhor Bom Jesus dos Perdões, de São Francisco das Chagas, de São Benedito, de Nossa Senhora do Terço (pertencente ao Colégio dos Jesuítas), e a Capela de Nossa Senhora do Rocio, à beira-mar, no pitoresco arrabalde denominado Rocio Grande.

A vila com o passar dos séculos havia se transformado em cidade importante, com ruas calçadas, largos e logradouros públicos bem cuidados, extenso cais à margem do Rio Itiberê onde atracavam barcos nacionais e estrangeiros, imponentes sobrados de arquitetura sóbria e notáveis para a época, destacando-se dentre eles o palácio do Comendador Manoel Antônio Guimarães, à rua (hoje) Visconde de Nácar onde foi a Prefeitura e Câmara Municipal de Paranaguá.

O comendador Manoel Antônio Guimarães, mais tarde Barão e Visconde de Nácar, construiu esse monumental edifício para que nele fosse instalado o governo da província do Paraná. Era velha e justa aspiração dos parnanguaras que a capital ficasse sediada em Paranaguá, que era, em época anterior à emancipação política do Paraná, a comuna mais importante da 5ª comarca de São Paulo.

As damas patrícias encomendavam seus trajes de gala às modistas do Rio de Janeiro, de Buenos Aires e de Paris, e, cobertas de joias, assistiam no velho "Teatro Paranaguense" (existente desde 1839) aos memoráveis recitais e peças teatrais encenadas por companhias dramáticas, cômicas, líricas e burlescas, vindas dos mais famosos palcos da Europa ou do Rio. Essa era a Paranaguá de 1872, pequena em seus limites urbanos, porém altamente intelectualizada, rica de tradições, cuja sociedade cultivava as artes e mantinha elevado padrão social condizente com o luxo de suas posses e a fidalguia de sua esmerada educação. Se outros grandes centros do País possuíam instituições culturais onde fulgurantes inteligências se alçavam em voos condoreiros, Paranaguá também estava em condições de fundar um centro cultural representativo de sua intelectualidade.

E assim nasceu a ideia de se fundar o "Club Litterario", que surgiu não como uma necessidade do meio, mas como consequência natural, lógica, insofismável do elevado padrão social e cultural da sociedade de então.

O Club Litterario de Paranaguá, fundado a 9 de agosto de 1872, propunha-se congregar sócios para fins culturais, não como necessidade do meio, mas para dar expansão à brilhante intelectualidade da época, quando aqui nasciam e daqui se irradiavam para toda a província as luzes das ciências, das artes e das letras.

Não se constrangiam os primeiros sócios pela humildade de sua sede, pois nela não buscavam os brilhos sociais nem a ostentação mundana, que encantam, ofuscam e passam sem deixar nada de si. Ela era a oficina laboriosa que forjava mentalidades sadias, adestradas nos prélios da inteligência e na competição das tertúlias literárias.

E graças ao idealismo dos doze fundadores, a semente em boa hora plantada germinou, cresceu, frutificou, para atingir sua idade centenária como uma sociedade conceituada e respeitada.

Nasceu, portanto o Club Litterario com finalidade puramente cultural, com a obrigação de organizar uma biblioteca, razão de sua existência e funcionamento; e pelo disposto no 1º artigo dos Estatutos verifica-se o alto grau de preparo de seus associados, pois, se assim não fosse, não reuniria a biblioteca em suas estantes "as melhores obras de instrução e recreio em qualquer idioma".

Com surpresa, constatamos que na Paranaguá de 1872 os jovens iniciavam cedo suas atividades no comércio ou nos vários ofícios que a cidade oferecia, adquirindo recursos financeiros que lhes garantiam renda própria, conforme se deduz pelo estipulado no artigo 2º dos Estatutos do clube: "Art. 2º

Serão sócios contribuintes todas as pessoas que tiverem meios honestos de viver, boa educação e idade maior de 12 anos".

Como se constata por esse artigo, o Club Litterario não era uma sociedade fechada, que selecionava os sócios por serem de elevada posição social, pertencerem a importantes famílias ou possuírem dinheiro, mas acolhia em seu seio qualquer pessoa que tivesse "meio honesto de viver e boa educação".

Quanto à idade, explica-se essa precocidade em trabalhar por não possuírem os jovens daqueles tempos os cursos secundários e universitários como possuem os de hoje, que dessa forma se tornam, de modo geral, dependentes das famílias até a maioridade, em virtude do tempo integral dispendido nos currículos escolares.

Não eram apenas pessoas de posses que podiam compartilhar da vida do Club Litterario, pois num gesto magnânimo que a credencia à gratidão eterna de Paranaguá, ele abria suas portas aos que desejavam aprimorar o espírito não tendo meios materiais para fazê-lo.

Ainda, constava nos estatutos, aquisição mensal de bilhetes de loteria, no Rio de Janeiro, com o resultado, se sorteado para ser aplicado no Clube, na sua biblioteca.

Pioneiro da Previdência Social

O Club Litterario de Paranaguá, numa antecipação de 63 anos, foi o precursor da Previdência Social na cidade e no estado, amparando o associado em estado de pobreza e de invalidez, o que comprova o alto descortino, a lúcida inteligência, a grandeza humana, o caráter justo e reto que possuíam os fundadores de nossa veterana sociedade.

Conforme se verifica, o clube não dava uma esmola nem fazia uma caridade amparando o associado pobre e inválido para o trabalho, mas concedia-lhe um direito expresso nos estatutos de maneira clara e indiscutível, e isso diz tudo.

Podemos assim avaliar a generosidade da sociedade, concedendo uma "pensão" ao sócio, estipulada em 20.000 réis no máximo, quando a joia do clube era, nesse tempo, de 5.000 réis e a mensalidade, de 1.000 réis, importâncias apreciáveis para a época. "Pensão" correspondente a quatro vezes o valor da joia a vinte vezes o da mensalidade.

Em 1893, na Presidência de Artur Ferreira de Abreu, estava o Club Litterario instalado nos altos do edifício n. 55 da Rua 15 de Novembro, atual 270 da mesma rua.

Por essa época o clube sofreu as consequências da revolução federativa de 1894, atingido que foi o prédio pela artilharia dos navios que bombardearam Paranaguá. Sua sede social abandonada, como estavam também quase todas as residências das pessoas que fugiram da cidade, foi ocupada pelas tropas revolucionárias e sua valiosa biblioteca, saqueada. Foi de grande vulto o prejuízo do clube em suas instalações, mobiliário e arquivos.

Essa foi a última sede social em prédio alugado, pois a partir de 1896 o Club Litterario teve casa própria.

Evolução da vida social

Em 1872, foi criada uma biblioteca, onde tiveram início as trocas de ideias e os debates que resultaram nas monumentais assembleias literárias. Em 1873, o clube ingressou nas lides da imprensa, fundando um jornal órgão da sociedade e mais tarde instalou tipografia própria para atender suas atividades jornalísticas.

Em 1874, cria cursos didáticos (precursores dos cursos ginasial e científico) que culminaram com a instalação do famoso Curso Mercantil de 1882. Em 1875, inicia atividades no teatro, organizando um elenco teatral entre os associados, montando peças e construindo um palco na sede social. Nesse mesmo ano estabelece a promoção de festas dançantes que só se iriam realizar cinco anos depois, em 1880.

Em 1876, iniciam-se as Festas de Arte com o concurso das famílias dos associados.

Em 1880, foram introduzidos no clube os chamados jogos de salão e, posteriormente, o bilhar.

A biblioteca – 1872

O Club Litterario de Paranaguá foi fundado, como já vimos, com finalidade estritamente cultural, tendo por objetivo a manutenção de uma biblioteca, fonte de instrução e aprimoramento intelectual, em torno da qual gravitou sua vida associativa por dilatados anos. Era tal a notoriedade da biblioteca que sua fama ultrapassou as fronteiras da província, chegando até a Corte do Rio de Janeiro, pois no relatório do dia 4 de maio de 1874, apresentado à Assembleia-Geral do Império pelo Dr. João Alfredo Corrêa de Oliveira, Ministro e Secretário de Estado dos Negócios do Império, encontramos a seguinte referência: "Biblioteca – Existem na província do Paraná quatro bibliotecas, uma pública e três particulares, sendo uma no município de Paranaguá. Na de Paranaguá existem 621 obras, em 1.101 volumes; foram impressos no Império 305 obras, em

603 volumes. Teve a frequência, no ano findo (1873) de 4.386 pessoas que consultaram 3.040 obras".

A biblioteca crescia, enriquecida ano após ano por valiosas obras doadas por sócios e benfeitores do clube, chegando a reunir em 1879 mais de 1.800 volumes, fato que mereceu ser mencionado no *Almanack Laemmert*, editado na Corte do Rio de Janeiro, situando a Biblioteca do Club Litterario de Paranaguá entre as mais importantes do Império, em 1880. Nilo Cairo, antes de voltar para o Rio de Janeiro, cuidou da Biblioteca do Clube.

A imprensa – 1873

Não só com a eficiente e bem selecionada biblioteca e com as famosas assembleias literárias, esparzia o Club Litterario os benefícios da cultura na cidade, com repercussão pela província e reflexo na Corte do Rio de Janeiro até onde chegavam os rumores de suas atividades. Também por meio da palavra escrita espalhava prodigamente os tesouros da inteligência de seus associados, para lustre de Paranaguá.

Na época em que se fazia sentir a falta da imprensa como meio de divulgação, o Club Litterario criou e manteve publicações por intermédio de tipografias particulares até possuir oficinas gráficas de sua propriedade.

Assim, no começo das atividades, fez contrato, em 1873, com a modesta oficina de Evaristo José Córdenas para a publicação de seu primeiro órgão de imprensa o *Echo litterario*. Esse jornal do clube era de tiragem semanal, contando com a colaboração única e exclusiva dos associados, sob controle e orientação de uma comissão de redação nomeada pela diretoria e integrada por sócios.

Foram colaboradores do *Echo Litterario*: Francisco José Machado da Silva, Dr. Leocádio José Correia, Dr. Eugênio Gonçalves Rebelo, Joaquim Soares Gomes, Dr. Manoel Eufrásio Correia, e nele iniciaram atividades jornalísticas Manoel do Rosário Correia, Albino José da Cruz e Manoel Correia de Freitas.

O periódico iniciou com 300 exemplares e chegou logo aos 1.200 exemplares semanais.

Posteriormente, em 1881, o clube lançou nova publicação, o jornal *Itiberê*.

A tipografia

Finalmente, a 13 de janeiro de 1882, com a chegada dos prelos e do material tipográfico encomendados aos Estados Unidos, montava o clube oficinas próprias para atender suas necessidades jornalísticas, ingressando também na concorrência comercial da cidade no atendimento de serviços tipográficos.

A curiosidade ficava por conta de que não permitindo, na tipografia do clube nem nas páginas do *Itiberê*, fossem ventiladas questões políticas ou publicados artigos que atacassem "a religião do Estado ou governo constituído".

Os cursos didáticos – 1874

Quando a província se ressentia da falta de estabelecimentos de ensino e só se ministrava instrução geral e primária, partiu do Club Litterario o movimento de difusão cultural tendente ao aprimoramento intelectual de seus associados ou de pessoas estranhas ao quadro social.

Assim, em 30 de novembro de 1874, o sócio Dr. Leocádio José Correia apresentou um projeto para criação de um Curso Noturno de Preparatórios, compreendendo o estudo de francês, de inglês, de história, de geografia, de retórica e de poética; sendo o curso ministrado na sede social pelo próprio Dr. Leocádio e pelo Dr. Moura Rezende.

Não só os homens como também as mulheres recebiam esmerada educação, segundo podemos constatar quando ainda no capítulo Instrução nos dá a lisonjeira informação que existia "colégio particular subvencionado, para o sexo feminino, na cidade de Paranaguá, frequentado por 20 alunas, com aulas de francês, alemão, inglês, italiano, português, desenho, piano, canto, dança, pintura, geografia, aritmética, história média e moderna, mitologia e trabalhos de agulha".

O Curso Mercantil

Na Presidência de João Guilherme Guimarães, instalava-se na sede social o Curso Mercantil, criado pelo presidente da província do Paraná Dr. Carlos Augusto de Carvalho, sob orientação, direção e responsabilidade do Club Litterario.

Tão importante foi esse cometimento, pelo elevado alcance social, que o Imperador D. Pedro II endereçou ao Club Litterario mensagem de congratulações, enaltecendo a promoção.

Dr. Leocadio proferiu o discurso solene de inauguração, dizendo: "A escola é tão necessária, a instrução tão preciosa, como o alimento que nos nutre! O espírito, como o corpo, carece de seiva para viver: o pão do espírito é a sua ilustração e as primeiras sementes desta só na escola são colhidas! É por isso, Senhores, que entre todos os povos atualmente, com uma unanimidade triunfante, as atenções são atraídas para a criação de escolas".

O teatro – 1875

Fiel a suas finalidades, que era difundir a cultura, o Club Litterario enveredou pelo caminho da ribalta, no intuito de oferecer aos sócios não só entretenimento sadio e instrutivo, mas também oportunidade para que eles revelassem e desenvolvessem pendores artísticos em relação à arte de representar, cultivando o teatro.

Escreveu Leôncio Correia um drama, "Talento e ouro", que subiu à cena, no Teatro Santa Celina, obtendo inigualável êxito. "E não nos esqueçamos de dizer que a plateia parnanguara, culta, era exigente e difícil de contentar".

Em 1875, na Presidência do Dr. Leocádio José Correia, já no final da gestão, o clube assumiu o compromisso de oferecer ao quadro social festas dançantes, porém a inovação implicava alterações nas instalações da sede social, requerendo prédios mais espaçosos onde houvesse um salão para bailes, mobiliário adequado, toalete e sala de estar para senhoras, bem como serviço de copa e cozinha.

Quando em 1894 o clube foi atingido pela artilharia dos navios que bombardearam a cidade e necessitou reparar os danos que a revolução causou em suas instalações, mobiliário e biblioteca; quando em 1896 foi adquirida a primeira sede social própria com o encargo pesadíssimo das novas instalações; quando em 1926 a velha sede ameaçou ruir carecendo de urgentes reparos em sua estrutura; quando em 1930 o clube sofreu prejuízos totais no incêndio que destruiu o edifício da sede social; quando se reergueu a atual sede urbana, em 1932, e houve necessidade de mobiliá-la e guarnecê-la totalmente; quando em 1964 o clube adquiriu sua sede campestre, arcando com imenso ônus para realizar esse empreendimento, houve dificuldades financeiras em todas essas ocasiões, porém foram superadas e a sociedade sobreviveu graças ao trabalho árduo das diretorias, amparadas pelo auxílio dos sócios instaladores, beneméritos, benfeitores e acionistas que acorreram em massa, prestigiando o clube, ajudando-o a resolver tão angustiantes problemas, numa demonstração de solidariedade que nunca falhou nos momentos difíceis.

Uma página de ouro: o Club Litterario e a abolição

Uma das belas páginas da história do clube foi, sem sombra de dúvida, a participação da sociedade no movimento abolicionista que culminou em 1888 com a libertação dos escravos, em todo o País, pela Princesa Isabel. Quis o destino que Paranaguá, 38 anos antes da Lei Áurea, entrasse para a história da abolição da escravatura no Brasil, graças a um episódio bélico ocorrido dentro de sua baía contra um navio de guerra inglês, em 1850.

O episódio, que foi de repercussão internacional com implicações diplomáticas, foi considerado pelos parnanguaras da época como de desagravo à soberania nacional. Esse fato histórico, que enobrece o patriotismo dos nossos conterrâneos, motivou a aprovação de uma lei pela Câmara do Império, lei que foi o ponto de partida das leis que conduziram o País até a Lei Áurea de 13 de maio de 1888.

Já em 1872 encontramos lavrada no livro de atas do Club Litterario uma entusiástica moção congratulatória dirigida ao Visconde do Rio Branco pela promulgação da lei do ventre livre, o que comprova a posição do clube 16 anos antes da abolição. Não só a diretoria enviou mensagem congratulatória ao Visconde do Rio Branco, mas os sócios do clube reunidos em assembleia conferiram por unanimidade, em 9 de setembro de 1879, ao ilustre brasileiro, o título de Sócio Honorário.

Em 1884, o jornal *Itiberê*, órgão de imprensa do Club Litterario, estampava em data de 7 de setembro desse ano a seguinte nota: "O presidente João Guilherme Guimarães criou no Club Litterario a 'Caixa Emancipadora Visconde do Rio Branco', destinada a angariar fundos para emancipar escravos". Pelo consócio Urcino Carneiro de Souza foi organizado um festival abolicionista cuja renda reverteu em benefício da referida caixa.

Quando em Curitiba, a 12 de junho de 1887, foi fundada a Sociedade Secreta Abolicionista "Ultimatum", cujos membros usavam um "nome de guerra" para suas atividades, agindo protegidos pelo anonimato, o Club Litterario estava integrado na campanha abolicionista, pública e oficialmente desde 1884, enfrentando as iras dos poderes escravocratas.

Tão importante era essa atuação e alcançou tanta notoriedade, que o *Jornal do Comércio* do Rio de Janeiro, em sua edição de 22 de setembro de 1884, publicou a seguinte nota: "Sabemos que em Paranaguá, Morretes e Antonina na província do Paraná, desenvolve-se com grande entusiasmo a propaganda abolicionista".

O Club Litterario e as entidades culturais

Em todos os tempos o Club Litterario incentivou e amparou os movimentos culturais surgidos na cidade e pode-se afirmar sem contestação que quase todas as entidades desse setor nasceram e cresceram à sombra de seu teto acolhedor.

Dentro de sua sede social trocaram-se ideias, discutiram-se projetos, promoveram-se reuniões para estruturar ou reorganizar entidades que foram depois instaladas solenemente, em seus salões, em brilhantes solenidades.

O Instituto Histórico e Geográfico de Paranaguá, o Centro Musical Carlos Gomes, o Centro Médico de Paranaguá, o Centro de Cultura Júlio Teodorico, a Sociedade Amigos da Música de Paranaguá, o Museu Histórico da cidade, o Centro de Letras Leôncio Correia de Paranaguá, o Conselho Municipal de Cultura encontraram no Club Litterario o sustentáculo indispensável para suas promoções.

Centenário de Júlia da Costa

No dia 1º de julho de 1944 foi realizada a festa comemorativa do primeiro centenário de nascimento da poetisa Júlia da Costa, dileta filha de Paranaguá, pioneira feminina da poesia paranaense. Essa comemoração foi promovida pelo Instituto e pelo Club Litterario, o qual, nessa noite, realizou uma notável sessão literomusical em homenagem à imortal poetisa e cujo programa vem detalhado no capítulo "As festas de arte".

Primeiro Congresso Paranaense de História e Geografia

Por ocasião do transcurso do terceiro centenário de fundação de Paranaguá, reuniu-se, nos salões do clube, durante os dias 26, 27 e 28 de julho de 1948, esse importante congresso, constituindo-se numa das mais notáveis realizações culturais já havidas na cidade, por promoção do Instituto Histórico Paranaense e sob o patrocínio do Instituto Histórico e Geográfico de Paranaguá.

O Centro de Letras de Paranaguá

Essa entidade cultural nasceu dentro do Club Litterario, integrada por pessoas pertencentes ao seu quadro social, tendo por Patrono o grande literato Leôncio Correia, filho de Paranaguá e Sócio Honorário do clube.

Destacamos o ofício da Sra. Leonor Castelano, presidente do Centro Paranaense Feminino de Cultura. Concedeu então a palavra ao Dr. Bento Munhoz da Rocha Neto, expoente da cultura paranaense e ilustre filho de Paranaguá, para proferir a conferência da noite, tendo este, de pé, aguardado por longo tempo que cessassem os aplausos em sua homenagem para dar início à sua notável oração, que versou sobre a história e a psicologia do homem do litoral e do homem do planalto, e da qual destacamos o trecho que segue: "(...) declaro minha estupefação ao ver que neste mundo de tanto materialismo, de tanto utilitarismo, ainda existem criaturas voltadas para as coisas do espírito. Ainda existem loucos que se abalançam a um empreendimento desses, qual seja a fundação de um Centro de Letras; loucos que tomados da sublime loucura do intelecto, pretendem manter acesa a chama da inteligência e da cultura, enquanto em derredor perpassam os violentos ventos da ignorância e do materialismo".

Primeira exposição itinerante de arte do Paraná

Sob os auspícios do governo do estado, promovida pelo Departamento de Cultura e Divulgação da Secretaria de Educação, realizou-se nos salões da sede social do Club Litterario uma monumental exposição de pintura e desenho na qual concorreram 34 artistas de todo o Paraná, apresentando um total de 123 trabalhos.

Brasílio Itiberê da Cunha

No começo do século XX, na distante data de 1901, o Club Litterario recebeu carinhosamente, em seus salões, o ilustre diplomata e não menos ilustre compositor Brasílio Itiberê da Cunha, filho dileto de Paranaguá.

Por convite e insistência de Dona Ludovica Bório, emérita professora e musicista amiga do eminente compositor, o acedeu em realizar no clube uma audição de piano interpretando composições de sua própria autoria. Nessa memorável noite de 18 de agosto de 1901, a sociedade local comparecia em peso à sede social para ouvir e aplaudir o insigne conterrâneo que, tão fidalgamente, se apresentava como intérprete.

Este foi o único concerto de piano de Brasílio Itiberê em Paranaguá e possivelmente no Paraná, pois não sendo ele intérprete, e sim compositor, não temos notícia de outra apresentação em público.

O dia 27 de julho de 1948 marcou uma das mais importantes datas do calendário artístico do clube, pois nessa noite, perante imenso público, realizou-se o monumental Concerto da Orquestra Sinfônica da Sociedade Cultura Artística "Brasílio Itiberê", sob a regência do maestro Bento Mossurunga, eminente compositor paranaense de tantas e tão merecidas glórias.

O maestro Heitor Villa Lobos

A atual geração que ouviu e aplaudiu em inúmeros concertos musicais as magistrais peças de Villa Lobos, compositor que conquistou justa fama internacional, foi menos afortunada que a geração anterior que o conheceu pessoalmente, pois esse grande músico aqui viveu em Paranaguá, embora nas várias entrevistas que concedeu sobre sua vida, o compositor haja omitido essa parte interessante de sua mocidade.

No início do século XX, vindo do Rio de Janeiro, Villa Lobos passou uma temporada em nossa cidade, integrado na sociedade local e nos meios musicais, compartilhando das orquestras integradas pelos rapazes, músicos amadores daquela época.

Fez parte da "Banda de Música Estudantina", mais tarde transformada na "Orquestra Estudantina Paranaguense", que era integrada pelos jovens Celmiro Lobo, Anibal Ribeiro, Jacob Weiss, Benedito Nicolau dos Santos, João Gomes Raposo, Hercílio Guimarães, Antônio Mateus de Oliveira, Olivio Ferrari, Ceciliano Correia, Randolfo Veiga e outros.

Dessa época até nossos dias deixaram sua marca luminosa na vida social do clube como extraordinários declamadores, Dr. Leocádio José Correia, João Régis Pereira da Costa,

Leôncio Correia, Eurípides Rodrigues Branco, Álvaro de Souza Viana, Cônego Alcidino Pereira, Bernardino Pereira Neto, Agostinho Pereira Alves Filho e Comte. Mário Afonso Monteiro, cuja especialidade eram as poesias humorísticas interpretadas com fino espírito.

Os grandes oradores do Club Litterario

Domingos Carneiro da Silva Braga, Dr. Luiz Ramos Figueira, Dr. Artur José de Murinelly, Manoel Correia de Freitas, João Eugênio Gonçalves Marques, Manoel Francisco de Souza, Dr. Manoel Eufrásio Correia, Dr. João Batista da Costa Carvalho, Dr. Leocádio José Correia, Leôncio Correia, João Régis Pereira da Costa, Antônio Santa Rita Júnior, Dr. Salústio Lamenha Lins de Souza, Dr. Francisco Acioli Rodrigues da Costa e Comte. Dídio Iratim Afonso da Costa.

Dia 15 de novembro de 1940, o notável jurisconsulto e admirado literato Hugo Simas arrebatou o culto auditório reunido para ouvi-lo na sede social do clube, com uma conferência brilhante sobre o tema "Império e República".

No dia 9 de agosto de 1943, o professor Bento Munhoz da Rocha Neto, um dos expoentes máximos da cultura paranaense, proferiu nos salões do clube uma importante conferência sobre o poeta inglês Kippling Pedro Calmon, um dos luminares da literatura nacional, historiador emérito, membro da Academia Brasileira de Letras.

Atualmente, Paranaguá continua efervescendo cultura. O Clube Literário, hoje em um grande trabalho, juntamente com o Teatro Municipal Professora Rachel Pereira da Costa são referências culturais com trabalhos de resgate cultural de tão linda história.

Para sempre Paranaguá!

Joalice Dias Amorim

A dona da ilha

Poucas lembranças da infância me despertam tanta saudade. A melhor delas é a de quando eu e minha família íamos para a casa de parentes na Ilha da Cotinga, berço da civilização paranaense. Só fui saber disso anos mais tarde.

Cresci subindo e descendo aquele morro, só pelo prazer de olhar a cidade lá do alto da igrejinha, como chamávamos a Igreja de Nossa Senhora das Mercês. Eu e minhas primas subíamos e descíamos por um caminho que começava acima da área da casa do meu tio Faustino. Anos mais tarde, "ganhamos" uma escadaria rústica de 365 degraus para subir até a igrejinha.

A canoa barulhenta do meu pai, os frios na barriga de quando as ondas balançavam a embarcação e a saudade dos amigos da escola e da vila; tudo isso era compensado com um fim de semana incrível em que eu seria, por dois dias ou mais, a dona da ilha, pelo menos em tese. Só de poder respirar aquele ar puro e sentir o cheiro maravilhoso do Verde já era um prêmio!

Em casa, que tinha água encanada, não gostava de lavar louça, mas lá, na ilha, na casa do meu tio Agripino, essa atividade rotineira era uma farra. Eu e minhas primas pegávamos água em baldes e bacias e dividíamos o serviço. Uma ensaboava, outra enxaguava uma vez, outra enxaguava outra vez e colocava para escorrer na escorredeira, enquanto conversávamos sobre meninos, meninos de quem gostávamos, aquela coisa de pré-adolescente que sentia um frio na barriga e as pernas tremiam só de ver a pessoa. Nossos pais não podiam nem suspeitar o assunto de nossas conversas. Lavar louça nunca fora tão divertido. A água vinha de um poço que ficava perto da porta da cozinha do meu tio. Parecia um poço enorme naquela época. Hoje, um pocinho. Até parece que cresci horrores. Ao lado do poço, uma montanha de pedras que escalávamos para irmos de um cômodo a outro: nossa casa de mentirinha. Ora morávamos na pedra gigante, que olhando hoje nem é tão gigante assim, ora morávamos em canoas de nossos pais, ora morávamos em qualquer canto do bambuzal, demarcando o território de cada uma.

Mais gostoso que brincar de casinha era brincar de cozinhadinho. O arroz com batata ganhava um sabor todo especial cozido em uma lata de leite e temperado só com sal. Ah, e sonhos de meninas, futuras donas de casa.

Ainda sobre a pedra gigante, tenho uma foto de quando eu tinha uns 10 anos. Eu e meus primos estávamos "tomando banho" na maré e eu me achava o máximo quando estava com os cabelos e as roupas molhados. É que o cabelo molhado se assentava, organizando os cachos, e a roupa molhada ficava mais colada no corpo conferindo um certo charme, sem falar que a roupa, mesmo desbotada, ganhava cor. Quando meu tio nos chamou para bater foto, com aquela câmera que não é a digital, mas aquela que precisava mandar revelar as fotos em uma loja especializada, foi uma festa! Aquilo gerava uma expectativa, uma curiosidade de saber como a foto ficaria. Batemos muitas fotos todos juntos. Daí chegou a minha vez de "estrelar" sozinha. "Nossa, estou arrasando com essa camiseta vermelha!", pensei. Apertei o olhar, abri um sorriso, apoiei uma das pernas em uma parte mais alta da pedra, coloquei as mãos na cintura e posei feito uma diva. Olhando hoje, apenas a foto de uma menina inocente, com um par de pernas que mais pareciam duas varetas, cheia de sonhos, e que não fazia a menor ideia do que viria pela frente.

Por falar em banho de mar, uma vez quase me afoguei. Acontece que eu havia esquecido minha boneca na canoa do meu pai, que estava ancorada lá fora, longe do alcance de onde dava pé (é assim que falamos quando o pé não alcança mais o solo). Minha prima, Elaine, teve a ideia de irmos até lá numa canoinha a remo. Esquecer a boneca no barco fora uma tolice. E lá fomos nós. Chegando lá no barco do meu pai, onde estava a minha "filha", um bonecão que certamente não seria um objeto de desejo de uma criança dos dias de hoje, mas era a ostentação das meninas dos anos 80, minha prima pulou no barco maior enquanto eu fiquei na canoa menor, encarregada de segurar na borda da canoa grande. Mas como criança não tem muita noção das coisas, a canoinha em que eu me apoiava com os pés foi se afastando da canoa grande, fazendo de mim quase uma ponte entre elas. Até que tive que soltar as mãos e toquei o "chão" de mar em câmera lenta. Meu primeiro mergulho profissional não intencional, de barriga. Como eu não sabia nadar, me desesperei me debatendo na água. Só ouvi minha prima gritando: "Segura na corda. Vou te salvar!". Então minha heroína mergulhou em meu socorro.

Sim, ela sabia nadar, e salvar também. Mas eu estava com tanto medo que não conseguia nem mesmo me segurar na corda da canoa que minha prima havia jogado para mim. E acho que mesmo ela tentando me segurar, o fato de eu me debater freneticamente só piorava as coisas. Eu já estava afundando pela terceira ou quarta vez e com o estômago cheio de água salgada, quando senti alguém me puxar pelo braço. Era um amigo da família, o Seu Azir, que graças a Deus passava por ali. Talvez eu deva minha vida a esse homem. Meu tio André já estava quase saltando da janela da sala, de uma altura de uns três metros, pois acompanhava a cena de longe. E o pior de tudo: minha mãe me esperava com uma vara na beira do mar. Só deu tempo de descer da canoa e sair correndo para escapar da fúria dela. "Menina, se tu tivesse morrido eu te ressuscitava só pra te matar de novo!" Coisas de mãe.

E a boneca? Bem, ela desistiu de brincar com a gente naquele dia.

É uma pena que meus tios tenham vendido suas casas na ilha. Ah, a ilha... E eu que gostava de brincar que ela era minha.

Pontal do Paraná

Aspectos Peculiares de Pontal do Paraná[1]

Pontal do Paraná é um município brasileiro do estado do Paraná, desmembrado do município de Paranaguá em 20 de dezembro de 1995. Sua população, conforme estimativas do IBGE de 2018, era de 26.636 habitantes.

Origens

A história de Pontal do Paraná começou quando houve os primeiros fluxos no século XVII, cujo objetivo era colonizar o território do atual estado do Paraná. Trata-se de um município geograficamente próximo a Paranaguá, tanto por terra como por mar. Isso permitiu que os fatos políticos e administrativos do município mais antigo do Paraná tivessem influência na vida pública da comunidade pontalense.

As praias de Pontal sempre receberam muitos visitantes vindos do interior do Paraná e da capital, Curitiba. Pontal

1 Adaptado de: WIKIPÉDIA – a enciclopédia livre. *Pontal do Paraná*. Disponível em: https://pt.wikipedia.org/wiki/Pontal_do_Paran%C3%A1. Acesso em: 16 out. 2019.

do Paraná também é objeto de conhecimento por ser o lugar de onde vêm os barcos que transportam muitos turistas às ilhas próximas. Entre as ilhas, merece destaque a Ilha do Mel, pertencente ao município de Paranaguá, que recebe muitos visitantes de todos os lugares.

Formação administrativa e etimologia

Há muito tempo a localidade era chamada de Pontal do Sul. A origem etimológica do nome "Pontal" é geográfica, porque a localização da cidade fica em uma ponta feita de terra e areia que vai em direção às águas marítimas. Numa esquina. A expressão "do Paraná" é o nome da unidade federativa brasileira onde fica o município.

Sua história política começa a ser escrita por volta de 1983, depois de tentativas de emancipação que, apesar de não conseguirem seu objetivo, despertaram na população o desejo de criação de um novo município. Pontal do Paraná foi transformado em município por força da Lei Estadual n. 11.252, de 20 de dezembro de 1995, na sede do ex-distrito de Pontal, conforme o desejo da população, que aprovou a emancipação em plebiscito. A legislação sobre a emancipação política é de autoria do então deputado estadual Algaci Túlio, e de acordo com ela Pontal do Paraná foi desmembrado de Paranaguá. O município foi oficialmente instalado em 1° de janeiro de 1997.

História recente

Nas eleições de 1997, foi eleito o primeiro prefeito do município, Hélio Gaissler de Queiroz, e foram desenvolvidos diversos trabalhos, como a criação da Lei Orgânica do Município, em 19 de dezembro de 1997. Em 1º de outubro de 2000, o então vice-prefeito, José Antônio da Silva, foi eleito prefeito de Pontal do Paraná, tomando posse em 1º de janeiro de 2001. Já nas eleições de outubro de 2004, foi eleito para prefeito Rudisney Gimenes, tomando posse em 1º de janeiro de 2005 e reelegendo-se em outubro de 2008. Nas eleições de 2013, a população elegeu Edgar Rossi, do PHS; e nas eleições de 2016, Marcos Fioravanti, do PSB.

Geografia

O município de Pontal do Paraná enquadra-se na planície costeira de Praia de Leste, caracterizando-se por um relevo suave e de baixa altitude, que recebe a designação genérica de "restinga".

O período mais chuvoso é o verão, sendo o mês de fevereiro o que apresenta maior precipitação (350 mm). O período mais seco é o inverno, cuja precipitação é de 100 mm, sendo a precipitação média anual do município de Pontal do Paraná aproximadamente 2.000 mm.

O município faz divisas ao Sul com o município de Matinhos, a Oeste com a Cidade de Paranaguá (que faz parte da Nova Região Metropolitana) e a leste e norte é banhado pelo Oceano Atlântico, sendo a norte pela baía de Paranaguá.

Pontos de destaque

O estado do Paraná possui 100 quilômetros de extensão em praias, dos quais 22 km se encontram em Pontal do Paraná, o que torna o município totalmente voltado às atividades praianas, já que quase 100% dessas praias possuem qualidade de balneabilidade.

Os principais balneários do município são Pontal do Sul, Atami, Shangri-lá, Ipanema, Santa Terezinha, Grajaú e Praia de Leste.

Economia

A economia é baseada nas atividades turísticas, que empregam a maioria da população fixa e atraem pessoas de todos os cantos do país durante a temporada de verão, período que compreende os meses de dezembro a março.

Na baixa temporada, a economia caracteriza-se pela pesca e por eventos como Festa da Tainha, Festa do Camarão, Camacho (festa do camarão e do chope) etc.

Embora a atividade industrial seja pequena, em Pontal do Sul há uma unidade *offshore* da companhia italiana Techint Engenharia e Construção S/A, que fabrica plataformas de exploração de petróleo e emprega entre centenas e alguns milhares de pessoas, conforme a demanda de trabalho existente.

Depois de vários estudos e projetos, está em fase de implantação o complexo portuário no município. Com previsão de término das obras para 2017, o Porto de Pontal do Paraná terá capacidade de movimentação de 1,5 milhão de unidades, uma área de 600 mil m^2 e com um cais de atracação de 1,3 mil metros. O investimento estimado é de R$ 1,1 bilhão e poderá aumentar a capacidade portuária do estado em 55%.

Referência

WIKIPÉDIA – a enciclopédia livre. *Pontal do Paraná*. Disponível em: https://pt.wikipedia.org/wiki/Pontal_do_Paran%C3%A1. Acesso em: 16 out. 2019.

Janaína de Araujo Bumbeer

(Bio)invasão

Havia um lugar com uma grande diversidade de seres, vivendo em equilíbrio e conectados à natureza. Da terra e do mar extraíam seu alimento, e lá também era seu lar. Com o tempo, estrangeiros foram chegando, que não conheciam o novo ambiente, mas dele se apropriaram. Os nativos não sabiam se defender, e foram perdendo seus recursos, alimento e abrigo.

Bem, essa é a história comum de diversos lugares, e é também a de Paranaguá. Cercada pela Mata Atlântica e cuidada pela Graciosa, fica o seio do mar. Abrigando uma enorme diversidade de espécies, ambientes e culturas. Sua riqueza e características geográficas sempre favoreceram novas vindas, um porto seguro, de chegada e partida. Até que chegou o "homem branco", invadindo o novo ambiente, utilizando os recursos e riquezas. E a ararinha azul que morava ali? Extinta! E o índio carijó, que vivia ali? Extinto!

Mas essa também pode ser história de outras espécies. Com a circulação de navios e pessoas vindas de diversos lugares, também chegam espécies que não são nativas, as espécies exóticas. Pode ser um sapo que veio da índia, um peixe que veio da África, um coral lá do Pacífico. Mas da mesma forma que os estrangeiros humanos, elas também não pertencem ao novo ambiente, afetam o equilíbrio natural que lá existia. Quando uma espécie exótica causa danos, ecológicos ou econômicos, ela é considerada invasora. Uma espécie invasora rapidamente toma conta do lugar, compete por comida com o nativo, traz doenças, usa seu ambiente.

Mas eu não tirei os índios do lugar, eu não trouxe o peixe do Pacífico! Mas este é o nosso patrimônio, nossa herança, nosso direito de desfrutar, mas também obrigação de cuidar. Precisamos sempre estar informados, e como cidadãos influenciar as decisões que afetam nosso lar. Espécies e instituições exóticas estão sempre chegando, mas temos de cuidar para que novas empresas, portos, pessoas, não se tornem invasores e não acabem com a diversidade que é só nossa, é endêmica, é valiosa.

Devemos prevenir a invasão, bio ou não. Pode ser um sapo que veio da índia, um coral do Pacífico, um branco que veio da Europa.

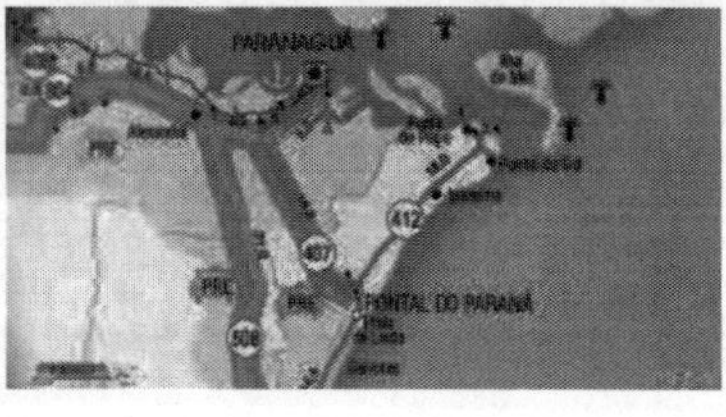

Biografia dos Autores

IGUAPE:

Emanuelle Machado Garollo Torres Peroni

Natural de Curitiba, Pr., graduada em Comunicação Social e habilitada em Jornalismo pela PUC Paraná. Assessora de Comunicação da Prefeitura de Iguape.

Maria Cristina Caiana Viégas Abreu

Maria Cristina Caiana Viégas Abreu, jornalista e produtora de TV e Rádio formada pelas Faculdades FIAM e FAAP. Atuou nas principais emissoras de TV, como TV Gazeta, TV Bandeirantes, TV Manchete, TV Educativa - Radiobrás e TV Mulher, trabalhando com os renomados jornalistas; Ferreira Netto, Alexandre Machado, Salomão Schvartzman, Amaury Jr, Silvia Poppovic e Paulo Markun. Foi produtora também dos programas dos apresentadores Ronnie Von e Olga Bongiovanni.

Assessora de Imprensa da Secretaria Estadual da Cultura, gestão Marcos Mendonça. Na Rádio Capital desempenhou a função de coordenadora de jornalismo e na Radio do Advogado da OAB/SC exerceu a função de produtora, repórter e editora.

Roberto Fortes

Roberto Fortes nasceu em Iguape (SP) em 6 de agosto de 1962. É licenciado em Letras e pós-graduando em História do Brasil. Publicou os livros "Iguape: Nossa História" (2000), "Almanaque do Senhor Bom Jesus de Iguape" (2006), em coautoria com Benedito Machado, e "O Tucano de Ouro – Crônicas da Jureia" (2012). Assina a coluna semanal "Alfarrábios" no "Jornal Regional", de Registro (SP), e edita a "Tribuna de Iguape". É sócio do Instituto Histórico e Geográfico de São Paulo.

ILHA COMPRIDA:

Monica Novaes

Apaixonada pela vida, amante da natureza, otimista incorrigível, rockeira, blogueira, fotógrafa de paixão e escritora nas horas vagas.

Iniciei muito cedo neste universo do escrever, mas nunca trabalhei profissionalmente. Escrevo muito nas mídias digitais em vários blogs que abrangem diversos temas relacionados à natureza, turismo, ecologia, esporte e culturas locais.

Escrever, para mim, é um passatempo que virou paixão e vem conquistando um público que busca uma linguagem mais simples, divertida e próxima do cotidiano que vivemos.

CANANÉIA:

Antonio Severino Dos Santos

Aposentado, Advogado, Auditor, Professor de Matemática. Juiz de Paz suplente. Conciliador no Juízo de Cananéia.

Maria Rita Basso

Professora de Educação Básica II – Arte e Artista Plástica.

Atuação na Área de Gestão Pública: Desde 2009 desenvolve ações na área da cultura no município de Cananeia, na área do Patrimônio Material e Imaterial.

Atuou na elaboração do Diagnóstico para os Planos de Ações das Cidades Históricas, da Revisão do Tombamento pelo CONDEPHAAT, das Oficinas de Educação Patrimonial junto ao SENAI, SISEM, das Oficinas Culturais Gerson de Abreu.

Roberto J. Pugliese

Advogado Remido, professor de Direito, autor de livros jurídicos, autor de livros de literatura brasileira, titular da cadeira nº 35 da Academia São José de Letras, membro da Academia Itanhaense de Letras e da Academia Eldoradense de Letras. Administrador do Expresso Vida. (www.vidaexpressovida.blogspot.com.br) Secretário Adjunto da Comissão de Direito Notarial e Registral da Conselho Federal da OAB. Presidente da OAB-TO – Gurupi, 1991-1992-1993 e 1994. Cidadão Cananeense.

GUARAQUEÇABA:

José Carlos Muniz

José Carlos Muniz - *do IHGPR é* professor de História (FAFIPAR, 2008), especializado em "História, Arte e Cultura" (UEPG, 2012), "História e Cultura Indígena e Afro-brasileira" (ULBRA, 2014), mestrando no Programa de Pós-graduação em Desenvolvimento Territorial Sustentável (UFPR-Setor Litoral, 2015/17).

Luiz Afonso Buest Rosário

Administrador de empresas, bacharel em economia, casado, residente em Curitiba/Pr., especialista em mediação e gestão de conflitos socioambientais.

Pós-graduado em Planejamento Estratégico, Especializado em Planejamento Governamental, formação em Pesquisa Científica e Metodologia de Ensino Superior.

- Fundador da COOPESCAMAR (2.001) – Cooperativa de Pescadores e Maricultores de Guaraqueçaba e Vale do Ribeira, atual Vogal;

- Fundador da LIBRES (2.006) – Liga Brasil de Responsabilidade Socioambiental, com sede em Curitiba/PR, atuando na mediação de conflitos originados por impactos socioambientais que atingem Povos e Comunidades Tradicionais, atual Diretor Executivo;

- Fundador da ASSOCIAÇÃO CAIÇARA de Desenvolvimento Sustentável do Litoral do Paraná (2.007), atual Presidente interino;

- Professor titular da matéria: "Planejamento Estratégico" 2.006/07;

- Palestrante de temas como: "Conflitos Territoriais" e "Construção Coletiva de Modelos Sustentáveis";

ANTONINA:

Cézar Alexandre Broska

Secretário de Turismo e Cultura de Antonina. Artista Plástico ministra oficinas sobre artesanatos, escultor entre outros já expôs suas obras de arte na Caixa Econômica do Paraná pelo SESC em Paranaguá. Carnavalesco a mais de 28 anos descendente de Polonês, suas raízes estão em Antonina.

Oriel Ballan

Comerciante em Morretes. Escreve na Coluna Velho Ballan no Jornal Pesca Brasil. Tem trabalhos publicados no sitio eletrônico: www.nossolitoraldoparana.com.br

Antonieta Amarante

Graduada em Letras Português/Inglês pela Universidade Federal do Paraná e Língua Inglesa e Inglês Comercial pelo Centro Cultural Brasil/Estados Unidos.

PARANAGUÁ:

Abdul Assaf

Poeta e professor de Língua Portuguesa, oriundo de uma família de imigrantes árabes e italianos vindas do estado São Paulo. Escreve e publica suas poesias para jornais locais. Participou de inúmeros varais e concursos de poesias, bem como, conquistou prêmios e assim, tornou-se de certa forma, uma referência da cultura de Paranaguá.

Olga Maria Salomão Do Amaral E Castro

Mineira de Juiz de fora, residente em Paranaguá desde 2000. Psicóloga com formação em Psicanálise e Psicodrama, formada pelo Centro de Ensino Superior de Juiz de Fora, 1990. Autora de diversos livros acadêmicos. Atriz e autora de peças de teatro. Produtora do Festival Internacional de Teatro de Paranaguá.

Joalice Dias Amorim

Natural de Paranaguá, com textos publicados no Recanto das Letras, entre contos, poemas, crôrnicas, pensamentos, prosa poética, sonetos, duetos e resenhas. Colaboradora no jornal l **Folha do Litoral**, de Paranaguá na coluna "**Espaço poético**", com diversos poemas publicados sobre temas variados. Formada em Letras – Português pela Universidade Estadual do Paraná – Unespar..

PONTAL DO PARANÁ:

Janaína De Araujo Bumbeer

Doutoranda de Ecologia e Conservção da Universidade Federal do Paraná. Bióloga e mestre em Ecologia e Conservação pela Universidade Federal do Paraná. Tem experiência em pesquisa acadêmica, consultoria, extensão e divulgação científica. Pesquisadora na região do Lagamar com estudos sobre biodiversidade, bioinvasão, ecologia e conservação marinha. Participou da elaboração do livro intitulado "Levando a região costeira paranaense para a sala de aula", e autora de dois livros paradidáticos sobre os biomas brasileiros: "Com licença, maria-leque?" e "Na trilha do lobo". (janabumbeer@gmail.com)